橘木俊詔
Toshiaki Tachibanaki

格差社会

何が問題なのか

岩波新書
1033

はじめに

いまから八年前、私は『日本の経済格差』(岩波新書、一九九八年)という本を書きました。その本の中で、日本がかつてのような一億総中流の時代ではなくなっているということを指摘しました。一九八〇年代までは、日本の社会において貧富の格差が少なく、ほとんどの人が中流であるという意識を持っていました。しかし、そうした時代は終わり、日本は貧富の格差が拡大しているということを述べたのです。

この本が出版されるや、様々な反響がありました。私の主張をめぐって論争も起きました。私の考えを支持する論。あるいは、統計の取り方がおかしいなどと批判する論。また、経済学に限らず、様々な学問領域で格差をめぐって多くの論が展開されました。

格差社会への関心が高まってきたことに応じて、マスコミやシンクタンクが国民にアンケート調査を行うようになりました。「日本では格差拡大の現象が起きていますか」という問いに対して、現在ほとんどの調査において七~八割の人が、「そう思う」と答えています。国民の多くが日本社会の格差拡大を実感する時代になっているのです。

今日そうした時代の中で、格差をめぐって、再び論争が起きています。そのきっかけは、二〇〇六年一月に内閣府が、格差の拡大は日本が高齢化していることによる「見かけ上の問題」とする見解を公表したことにはじまります。この内閣府の見解をめぐって、格差は拡大しているのか、あるいは格差は「見かけ」にすぎないのか、といった論争が繰り広げられています。

しかし、今回起きている論争は、かつての論争とは違った性質を持っているのではないかと、私は考えています。はからずも、小泉首相が国会で述べた言葉が、それを端的に表しています。

「格差はどこの社会にもあり、格差が出ることは悪いことではない」

「成功者をねたんだり、能力ある者の足を引っ張ったりする風潮を慎まないと社会は発展しない」

この「格差の何が悪いのか」「格差が拡大してもいいではないか」といった考え方が、今日起きている論争の特徴です。この考え方は、一億総中流ではなくなった、いや、格差は広がっていないというような論争よりも、はるかに社会の根幹にかかわる性質のものであると理解します。しかも、首相をはじめ指導者層がそう主張しはじめたという点も重要です。

こうした現象の背景にあるものは何か。こうした現象をどう考えたらいいのか。そうしたことを、本書の中で論じていきたいと思います。以下、各章の構成を紹介します。

第1章では、様々なデータを使って、格差の現状がどうなっているかを検証します。そして格差の拡大が、政府の言うように本当に「見かけ」にすぎないのか、政府がそう主張することの意味は何か、などを考えたいと思います。

第2章では、格差を広げている要因について考えます。なかでも雇用システムの激変が注目されます。また、現在、進められている「構造改革」の問題点を、格差の視点から論じたいと思います。

第3章では、格差が広がっているなかで、日本社会にどのような変化が起きているのかを考えます。社会が二極化する中で、両極――すなわち富裕層と貧困層に大きな変化が現れています。低所得労働者をはじめ、新しい貧困層の出現が大きな問題となっていることが理解できると思います。

第4章では、格差がさらに広がっていった時、はたして日本はどのような国になるのか、どういった問題が発生するのかを、検証します。

そして第5章では、私の考える格差社会への是正策を、できるだけ具体的に提言したいと考えています。

目　次

はじめに

第1章　格差の現状を検証する……1

1　所得から見る格差の現状　2
2　日本の不平等を国際比較する　11
3　深刻さを増す日本の貧困　15
4　統計に表れない格差の存在　25
5　格差は「見かけ」なのか　29

第2章　「平等神話」崩壊の要因を探る……35

1　長期不況と失業の増大　36
2　雇用に広がる格差　39

3　所得分配システムの変容　49
4　構造改革の何が問題なのか　58

第3章　格差が進行する中で――いま何が起きているのか……67
1　新しい貧困層の様相　68
2　低所得労働者が意味するもの　78
3　富裕層の変容　86
4　地域格差の実態　104
5　奪われる機会の平等　112

第4章　格差社会のゆくえを考える……127
1　格差拡大を容認しても大丈夫なのか　128
2　貧困者の増大がもたらす矛盾　132
3　ニート、フリーターのゆくえ　138
4　階層の固定化と人的資源の危機　145
5　格差をどこまで認めるのか　150

目　次

第5章　格差社会への処方箋――「非福祉国家」からの脱却 …………155
1　競争と公平の両立　156
2　雇用格差を是正する　161
3　地域の力を引き出す　173
4　教育の機会を奪われない　178
5　急がれる貧困の救済　183
6　税制と社会保障制度の改革　189
7　「小さい政府」からの脱却　201

あとがき　209

第1章　格差の現状を検証する

本章では、日本社会における格差の現状がどうなっているかを、様々なデータを用いて検証してみます。

1　所得から見る格差の現状

格差を何で検証するか

格差を測る場合に、もっとも一般的に使われるのは、所得に関するデータです。基本的なことですが、なぜ、所得を用いるのかということから述べましょう。

所得以外の変数に注目して計測する方法としては、資産と消費に関するデータを使うことがあります。

ある時点における金融資産や土地、家屋の保有額に注目するのが資産による計測です。したがって、貧富を示す指標として、資産ゼロの家計や大富豪について語る場合などに意味があります。しかし、資産のデータはあまり豊富でない上に、データに対する信頼性にも疑問があります。

　また、人がどれだけ消費するかというような観点から、その人の貧富あるいは幸・不幸を見るのも重要です。消費が多い人は豊かで、逆に消費が少ない人は貧しいという見方です。消費の不平等度が、現在どうなっているかということは、私も重要なテーマだと思います。しかし、ある人が、ある期間にどれだけ消費したのかということを実際に計測するのは、とても難しいことなのです。細かく家計簿をつけることが、どれほど困難であるかを想像して下さい。したがって、どうしても信頼性が低くならざるを得ません。さらに、消費をどれだけしたか、ということが、すぐに貧富、幸・不幸につながるのかということも、判断が難しいところです。

　一方、所得の場合は、資産や消費よりもデータの信頼性が高いと言えます。所得が多い人は豊かな消費生活を送れる人であるだろうし、逆に少ない人は貧しいと判断できるでしょう。また、ある人がどれだけの所得を得たかということを計測するのは、消費の場合よりもわかりやすく、困難が少ないというメリットがあります。したがって、格差の問題を扱う際、多くの人はまず所得を取り上げます。資産や消費によって分配の平等・不平等を測るのは価値があることですが、今の時点では所得による計測と比較すればまだ一般的ではないというのが、私の判断です。

所得とは何か

所得を計測する時には、大きく分けて二つの概念区分があります。一つは「再分配前所得」、もう一つは「再分配後所得」といいます。所得から税金や社会保険料などが差し引かれる前の所得が「再分配前所得」です。逆に、「再分配前所得」から税金や社会保険料を差し引き、かつ社会保障給付額を加えたのが「再分配後所得」です。所得を計測する時は、再分配前所得と再分配後所得という二つの概念を区別する必要があります。この章で私が使用するのは、ほとんどの場合が再分配後所得です。

ちなみに、再分配前所得がどういう構成要素になっているかも見ておきましょう。その構成要素は、①賃金、②事業所得（自営業者や家族企業がもらう所得）、③農家所得、④家内労働所得（家族の一員が内職のような形で働いて稼いだ所得）、⑤資産所得（貯金や証券、株などから得た利子や配当。あるいは地主や家主の地代や家賃収入）、⑥雑収入（①〜⑤に入らない所得）となっています。

所得を計測する四つのデータソース

日本社会で所得を計測する際に使用される、代表的な四つのデータソースがあります。

第一は「所得再分配調査」です。これは厚生労働省が三年おきに公表しているものです。同省が毎年公表している「国民生活基礎調査」のうち、所得を詳しく調査したものです。第二が

「家計調査」。これは総務省が毎年、公表しているものです。第三が「全国消費実態調査」。総務省が五年に一度、出している統計です。「家計調査」と「全国消費実態調査」は、所得に加えて消費の実態をも示した統計資料です。第四が「賃金構造基本調査」です。別名、「賃金センサス」とも呼ばれ、厚生労働省が毎年公表しているものです。

以上、四つのデータソースがありますが、それぞれにメリットとデメリットがあります。第一の「所得再分配調査」は、日本に住んでいるあらゆる人々を対象にしている点に大きなメリットがあります。すなわち、その人が働いているのか、働いていないのか、職業は何か、家族はどういう構成かなどで標本を特化せずに、日本人全員の特色を代表する標本を用いているのです。さらに、税と社会保障に関する情報が豊富なので、税や社会保障の所得再分配効果の分析も可能です。したがって、四つの中では一番信頼性が高いデータだと私は考えています。

第二の「家計調査」は、調査が毎年行われている点にメリットがあります。しかし、これまで家族人員が二人以上の家計しか調査していませんでした。すなわち、単身世帯が対象から外されていたのです。また、職業では、農業に従事している人も対象から外されていました。単身者や農家には低所得者が多いのです。したがって、この「家計調査」を用いて所得分配の不平等度を計測すると、その不平等度は他のソースで計測した場合よりも低くなるという結果が生じます。すなわち、平等度を高く見せることになります。総務省がそうした問題点に気付き、単身者や農家を調査対象に入れはじめたのは、ごく最近のことです。そのため、「所得再分配調査」のように標本をあらゆる日本人とした広い対象について、過去の日本の所得分配の状況を連続的に調べることができない、というデメリットが「家計調査」にはあります。

第三の「全国消費実態調査」は、「家計調査」よりも詳しいデータソースなのですが、先述したように、五年に一度しか公表されません。したがって、連続的にどうなっているかということを詳しく調査することができないのです。また、調査対象についても、二人以上の家計に重点が置かれ、単身者の占めるウェートが小さくなっています。したがって、あらゆる日本人の標本について分析することができないという点にもデメリットがあります。

第四の「賃金構造基本調査」は標本数が非常に多いというメリットがあります。すなわち、一〇〇万人以上というとてつもなく多い標本数を持っているデータなのです。しかも毎年公表されています。しかし、賃金しか計測されていない点が、このデータの大きなデメリットです。賃金に限定してしまうと、働いている人だけしか対象になりません。働いていない人はもちろん、事業を行っている人、農家の人、あるいは労働市場から引退して、年金生活をしている人は対象とならない上に、財産・資産所得も調査対象外となっています。したがって、このデータも全標本を対象とするものとはなりません。さらに、働いている人についても、従業員が一〇人以上の企業しか標本に入っていません。すなわち、一〇人以下の極小企業で働いている人の賃金は、このデータからは読み取ることができないのです。賃金はあくまで、所得の一部にすぎません。したがって、このデータを使って所得全体を語るということは、不可能と判断せざるをえません。ただ、賃金のみを分析する際には大いに価値があります。

こうしたメリット・デメリットを認識した上で、この四つのソースを利用しながら、総合的に分析していくことが必要でしょう。しかし、先述したように「所得再分配調査」があらゆる日本人を標本にしているという意味では一番信頼性が高いと言えます。したがって、所得分配の現状を語る時には、この「所得再分配調査」を中心にして語るのがよいと、私は判断しています。

所得格差の現状

一九九八年に出版した拙著『日本の経済格差』の中で、一九八〇年代以降、日本の所得分配が不平等化しているということを、「所得再分配調査」のデータを使って主張しました。では、現在はどうでしょうか。前著で主張したときよりも、さらに所得分配の不平等化が進んでいるという事実が指摘できます。

表1-1をご覧下さい。再分配前所得と再分配後所得いずれのジニ係数も一九八〇年代から二〇〇二年まで、コンスタントに上昇しています。

表 1-1　所得分配の変遷

	再分配前所得の不平等度(ジニ係数)	再分配後所得の不平等度(ジニ係数)	再分配係数(%)	租税による再分配係数(%)	社会保障による再分配係数(%)
1972 年	0.354	0.314	11.4	4.4	5.7
1975 年	0.375	0.346	7.8	2.9	4.5
1978 年	0.365	0.338	7.4	3.7	1.2
1981 年	0.349	0.314	10.0	5.4	5.0
1984 年	0.398	0.343	13.8	3.8	9.8
1987 年	0.405	0.338	16.5	4.2	12.0
1990 年	0.433	0.364	15.9	2.9	12.5
1993 年	0.439	0.365	17.0	3.2	13.2
1996 年	0.441	0.361	18.3	1.7	15.7
1999 年	0.472	0.381	19.2	1.3	17.1
2002 年	0.498	0.381	23.5	0.8	21.4

出所：厚生労働省「所得再分配調査」

ジニ係数というのは、イタリアの統計学者ジニが考案した係数で、格差や不平等を計測する際によく使われる数値です。人々が完全平等にいる時がゼロ。逆に完全な不平等にいる時は一となります。したがって、数字が大きくなって一に近づくほど所得分配の不平等度が高いということになります。

表1-1を見ると、一九八一年は再分配後所得のジニ係数が〇・三一四でしたが、二〇〇二年の段階で〇・三八一に上昇しています。これはジニ係数の相当な上昇です。八〇年代から現在にかけて、ジニ係数が上がっているということは、所得分配の不平等化が進行していると判断できます。

次に「家計調査」の数値を検証してみましょう(図1-1)。「家計調査」においても、一九八〇年あたりから上下の変動が多少ありますが、上昇傾

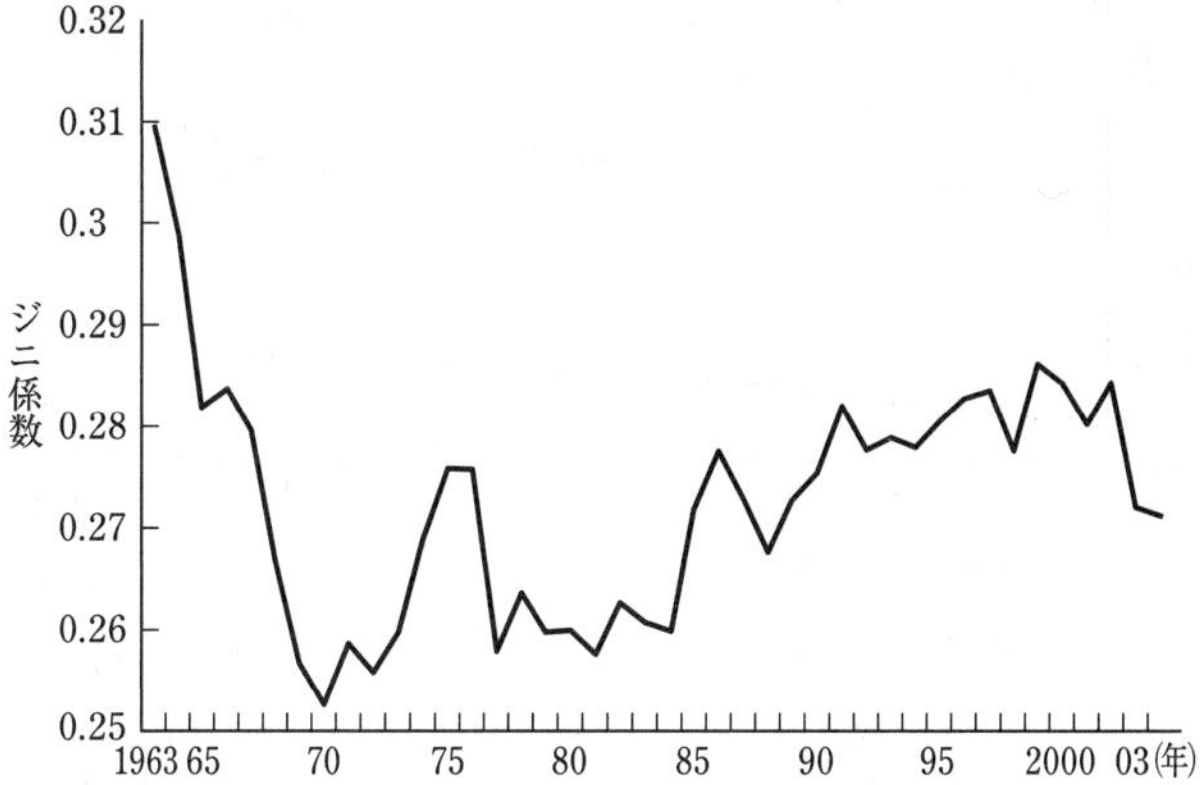

出所：総務省「家計調査」

図1-1　「家計調査」によるジニ係数の推移

向にあると言えます。すなわち、長期的に所得分配の不平等化が進行したことが確認できます。しかし、このデータでやや特徴的なのは、二〇〇三年において減少の変化がうかがえることです。

なぜこのような減少が生じているかということを、私なりに想像してみます。後に詳しく述べますが、日本で所得分配の不平等が起きてきた理由の一つに、単身世帯の貧困者が増えたという要素があります。特に高齢単身者の貧困度が高まって、分配の不平等度が高くなっています。しかし、「家計調査」では、先述のように、単身世帯が除外されています。したがって、この高齢単身者の貧困の増加という要素をとらえていないのです。

逆の見方をすると、「家計調査」で判断する

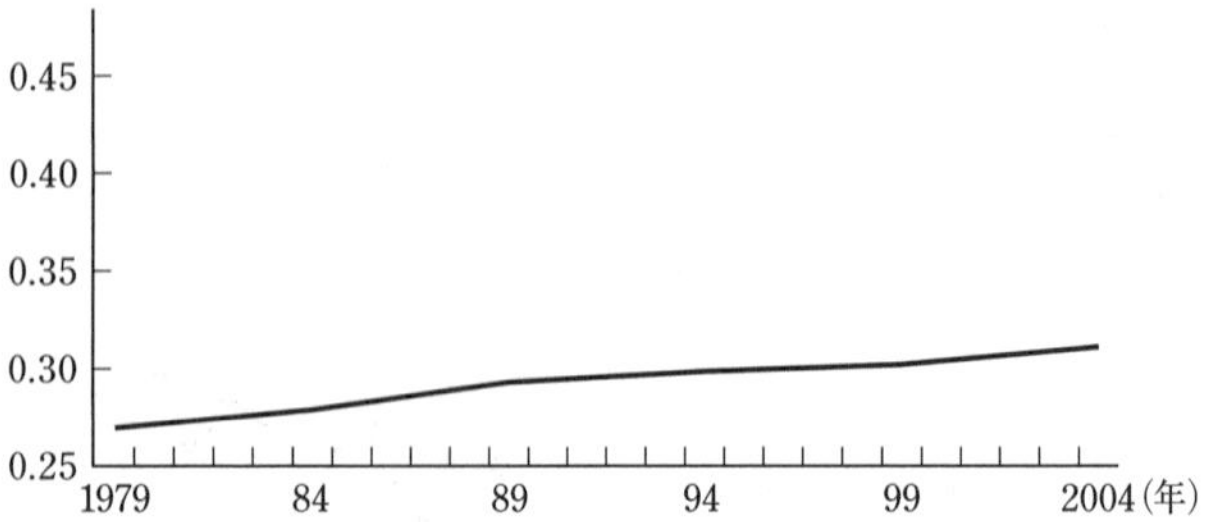

出所：総務省「全国消費実態調査」

図 1-2　「全国消費実態調査」によるジニ係数の推移

限り、家族人員が二人以上の家計の場合は、所得分配の不平等度がごく最近において緩和されていると言えるかもしれません。しかし、「家計調査」でも、トレンドとしては八〇年代から現在まで不平等度が上昇傾向にあり、長期間で見れば、やはり所得分配の不平等化を示しています。

ちなみに「全国消費実態調査」においても、やはりジニ係数は、それほど急激ではありませんがコンスタントに上昇しています(図1-2)。

「賃金構造基本調査」による賃金分配の変動については、先ほど述べたように、この統計をもって所得全体を語ることはできませんので、ここで詳しく検証はしません。しかし、賃金分布に関しては、年功序列から能力・成果主義賃金への変化が見られるので、やや分布に不平等化が見られるという結果が得られていることだけ指摘しておきましょう。したがって、第2章3で詳しく述べますが、所得分配の不平等化の一つの原因として、賃金分配の不平等化がこの段階でも挙げられます。

以上のことをまとめると、データで見る限り、八〇年代以降、日本の所得分配の不平等化は拡大していると言えるでしょう。

2　日本の不平等を国際比較する

不平等度の国際比較

前節では、国内の指標を用いて、日本の所得分配の時系列による変化をたどり、日本の不平等度が高まっていることを示しました。では、諸外国と国際比較した場合、この日本の不平等度はどの程度のものとなるのでしょうか。前著『日本の経済格差』の中でも、先進国における所得分配の比較を行いました。その時点では、日本は一億総中流社会ではなくなり、ドイツやフランスといったヨーロッパの大国並みの不平等度になっているということを指摘しました。八〇年代から九〇年代初期にかけて、日本も平等性の高い国ではなくなり、ヨーロッパの大国並みに不平等度が広がったわけです。現在の状況について、ＯＥＣＤ（経済協力開発機構）が加盟国の所得分配の現状を解析し、二〇〇四年末に公表した調査結果を使って検証してみましょう。

ＯＥＣＤ調査とは

まず、ここで使うＯＥＣＤ調査について簡単に説明しておきます。

それぞれの国が自国の所得分配のデータを、ＯＥＣＤに提出します。そのデータを比較しながら、ＯＥＣＤはジニ係数をはじめ、様々な尺度を用いて所得分配の不平等度を計測しています。さらに、次節で取り上げますが、今回の調査では各国の貧困の程度についても比較調査を行っています。したがって、各国の提出したデータに基づいているというのが第一の特徴です。

また、「等価所得」という概念を使っている点にも特徴があります。すなわち、家計は構成人員が違います。単身世帯もあれば、二人の世帯、五人の世帯もあります。したがって、家計の人数による影響力を除去しないと、分配の実情や生活程度を正確に比較できる可能性が低くなります。ＯＥＣＤ調査では、そうした家計の人数の差を考慮して、調整を行っています。それらを調整して、換算したものを「等価所得」と定義して、分析しているのです。

不平等度の高い国へ仲間入りした日本

このＯＥＣＤ調査が表1-2です。それを見ますと、再分配後所得で計測した日本のジニ係数は〇・三二四となっており、日本は先進国の中ではかなり不平等度の高いグループに属するようになったと言えます。

先進国の所得分配の現状を、①平等性の高い国、②中程度の国、③不平等性の高い国、の三つのグループに分類してみます。①の平等性の高い国は、デンマーク、スウェーデン、オランダ、オーストリア、フィンランド、ノルウェーなど、主として北欧諸国が中心となっています。②の中程度の国には、フランスやドイツといったヨーロッパの大国が入っています。③の不平等度の高い国には、ポルトガル、イタリア、アメリカ、ニュージーランド、イギリスといった国が並びます。そして、日本もこの③グループに並んでいるのです。

前著『日本の経済格差』に対する批判の一つに、「日本の不平等化が進行しているのは事実だが、世界の先進国の中で比較すれば、まだ所得の不平等度は中の上程度の高さなので、それほど気にする必要はない」というものがありました。その時点では、先述したようにヨーロッ

表 1-2　先進諸国の所得分配不平等度(ジニ係数)

デンマーク	0.225
スウェーデン	0.243
オランダ	0.251
オーストリア	0.252
フィンランド	0.261
ノルウェー	0.261
スイス	0.267
ベルギー	0.272
フランス	0.273
ドイツ	0.277
カナダ	0.301
スペイン	0.303
アイルランド	0.304
オーストラリア	0.305
日本	0.314
イギリス	0.326
ニュージーランド	0.337
アメリカ	0.337
イタリア	0.347
ポルトガル	0.356
OECD 全体 (24 カ国)	0.309

出所：OECD, *Income Distribution and Poverty in OECD Countries in the Second Half of the 1990s*, 2004

パの大国並みの不平等度だったので、そうした見方も可能だったでしょう。

しかし、表1-2を見る限り、現在では、もはやそうした批判は妥当ではなくなっているのです。すなわち、日本の不平等度は確実に高まり、日本は、先進国の中でも明らかに不平等度の高い国になったと結論できます。

日本以外で不平等度の高い国の代表は、イギリスとアメリカ、そしてポルトガルとイタリアです。ポルトガルとイタリアは南ヨーロッパという、ヨーロッパの中ではいわば後進国ないし中進国です。世界を先進国と後進国に区分すると、後進国の方が所得分配の不平等度が高くなっています。ポルトガルとイタリアの分配の不平等度が高いのも、ヨーロッパの中における後進国ないし中進国という点に原因が求められます。

イギリスとアメリカは、これまでも常に不平等度の高いグループに入っていました。いずれも、新自由主義という思想を基本に置いた国です。いわゆる市場原理主義に基づいて競争を促進するような経済体制をとっており、所得分配という結果の不平等についてはさほど問題とせず、「自己責任」が貫かれています。今日、政治家や企業家をはじめ、新自由主義への信奉を強める傾向が日本にあります。日本の不平等度のレベルが、アメリカやイギリスに近づきつつあるのは、そうしたところにも要因があると、私は判断しています。

補足として、ニュージーランドについても触れておきます。この国は、八〇年代半ば以降、規制緩和政策を強行に押し進めたことでよく知られています。この規制緩和政策がある程度成功して経済が活性化したことにより、日本からも多くの視察団が訪れました。しかし、今日にいたって、この規制緩和が行き過ぎたという反省がニュージーランド国内で起きています。所得分配の不平等化もそうした反省を促すことになった一つの契機であったと想像されます。

3　深刻さを増す日本の貧困

絶対的貧困と相対的貧困

本章1と2で、国内での指標、国際比較の指標を用いて所得分配の不平等が拡大していることを述べました。では、不平等が拡大するということは、何を意味しているのでしょうか。それは簡単に言い換えれば、貧富の格差が増すということです。貧富の格差が増す際、二つの側面があります。第一に、豊かな人の所得がさらに上がり、貧しい人がますます貧しくなるという側面です。第二に、豊かな人と貧しい人の数が相対的に増加するという側面です。現在の日本において、ここで示した双方の側面が見られると考えています。そして、特に貧困者の問題が深刻化しているというのが、私の見方です。すなわち貧困者が増加し、かつその人々の所得の低下が深刻化していると、私は考えています。この節では、貧困の現状について検証してみたいと思います。

まず、貧困とは何を指すのか、その定義について考えてみましょう。貧困は二つの定義からとらえる必要があります。一つは「絶対的貧困」と呼ばれる定義です。これは、各家計がこれ以下の所得だと食べていけない、生活できない、という意味での貧困です。食べていくのに必要な額は各地域によって違いますが、仮に年間一五〇万円とすると、一五〇万円以下の所得しかない人を貧困と定義します。

もう一つの定義は、「相対的貧困」と呼ばれるものです。この定義では、他の人と比べてどの程度所得が低いかということに注目します。たとえば、平均的な所得と比較して、何パーセント以下の所得しかない場合を貧困と定義するととらえ方です。他人と比較して自己の所得が非常に低いと、その人は貧困を感じ疎外感をもつだろうと見なして、貧困を定義するものです。

この二つの定義にしたがって、日本の貧困の現状を検証してみましょう。

生活できるだけの所得がない人と生活保護世帯

まず絶対的貧困を用いて分析します。食べていけない程度、生活していけない程度の所得しかない人は、日本においてどのぐらいいるのでしょうか。「所得再分配調査」の数値を使って次のように計算してみました。

日本には貧困者を救済する手段として生活保護制度があります。生活保護制度というのは、食べていけない人に行政が現金支給する制度ですが、どの程度の所得の人を対象とするかは、地域ごとに生活保護基準が決まっています。地域によって所得、生活、物価の水準が異なるからです。当然のことながら家族の人数によっても生活保護基準は変わっていますが、一番重要なのは地域による差です。

「所得再分配調査」の所得額を用いて、各地域の中で貧困者がどれだけいるかということを計測してみました。その際に、二つの方法で行いました。一つは、生活保護基準の中で、「1級地の1」と呼ばれる大都市に住む人たちを中心にした基準に準拠したものです。東京、大阪、仙台、名古屋など、大都市でこれだけの所得がないと食べていけないという額を用いて、それに達していない人の貧困率をまず計算しました(表1-3)。それによると、一九九六年が一一・二%、九九年が一三・四%、二〇〇二年が一五・七%となっています。

次に「3級地の1」と呼ばれる、地方の小都市や町に住む人たちを基準にして計測してみました(表1-3)。九六年が七・五%、九九年が九・一%、二〇〇二年が一〇・八%となっています。

表1-3　日本における絶対的貧困率の推移(単位：%)

	1996年	1999年	2002年
1級地の1	11.2	13.4	15.7
3級地の1	7.5	9.1	10.8

出所：厚生労働省「所得再分配調査」に基づいて計算

以上の数値を見ると、九六年から二〇〇二年までの期間、貧困率が「1級地の1」「3級地の1」の双方において増加しているということがわかります。すなわち、この間日本の絶対的貧困率は高まってきたと言えるのです。

ちなみに、先述したように貧困の基準というのは、当然地域によって差があります。「1級地の1」と「3級地の1」とでは、貧困の基準に開きがあります。したがって、厳密な貧困率は残念ながら出すことはできませんが、日本の平均的な貧困率というのは、この「1級地の1」と「3級地の1」の間ぐらいの値だと考えられます。そうすると、九六年がだいたい九%ぐらい、九九年で一一%、二〇〇二年で一三%と推計されます。七五年の貧困率は六・七八%、八〇年では六・二〇%という推定値があります(曾原利満「低所得世帯と生活保護」生活保障研究所編『福祉政策の基本問題』東京大学出版会、一九八五年)。それら過去の推計と比較しても、相当高くなっているということがわかります。

次に、実際に生活保護を受けている人の数も、絶対的貧困を調べる一つの方法です。日本における生活保護受給世帯の推移を見てみましょう(図1-3)。それによると、生活保護を受けている世帯は、九六年が六一万世帯、二〇〇四年が一〇〇万世帯、直近の二〇〇五年が一〇五万世帯となっており(年度の一ヵ月あたり世帯数)、非常に増加していることが理解できます。

豊かと見える日本社会において、生活保護基準以下の所得しかない人の数が確実に増え、実

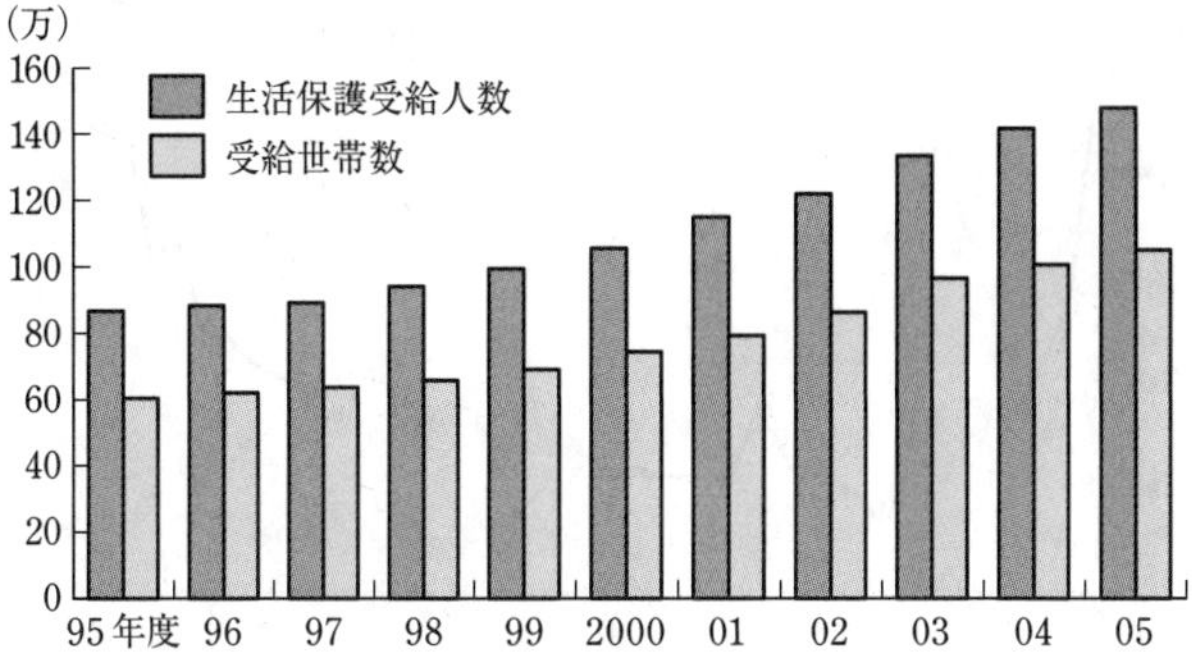

出所：厚生労働省「生活保護動態調査報告」

図1-3　生活保護受給者数の推移

際に生活保護の支援を受けなければならない人も増えているということが、これらのデータによってわかります。

貯蓄ゼロ世帯と自己破産

貯蓄の側からも、絶対的貧困の計測が可能です。すなわち貯蓄のない世帯の割合から見ることができます。それを見ると、貯蓄のない世帯がここ一五年で非常に増えています(図1-4)。貯蓄のない世帯が七〇年代から八〇年代後半にかけて、五%あたりで推移していたのが、二〇〇五年には二二・八%にまで急激に上昇しています。貯蓄がゼロということは、所得だけでは生活がまかないきれずに、保有していた貯蓄を食いつぶしてしまっている状態です。あるいは、生活するのに精一杯で貯蓄にまわすだけの所得に余裕のない状態です。したがって、こうした世帯が、非常に深刻な経済

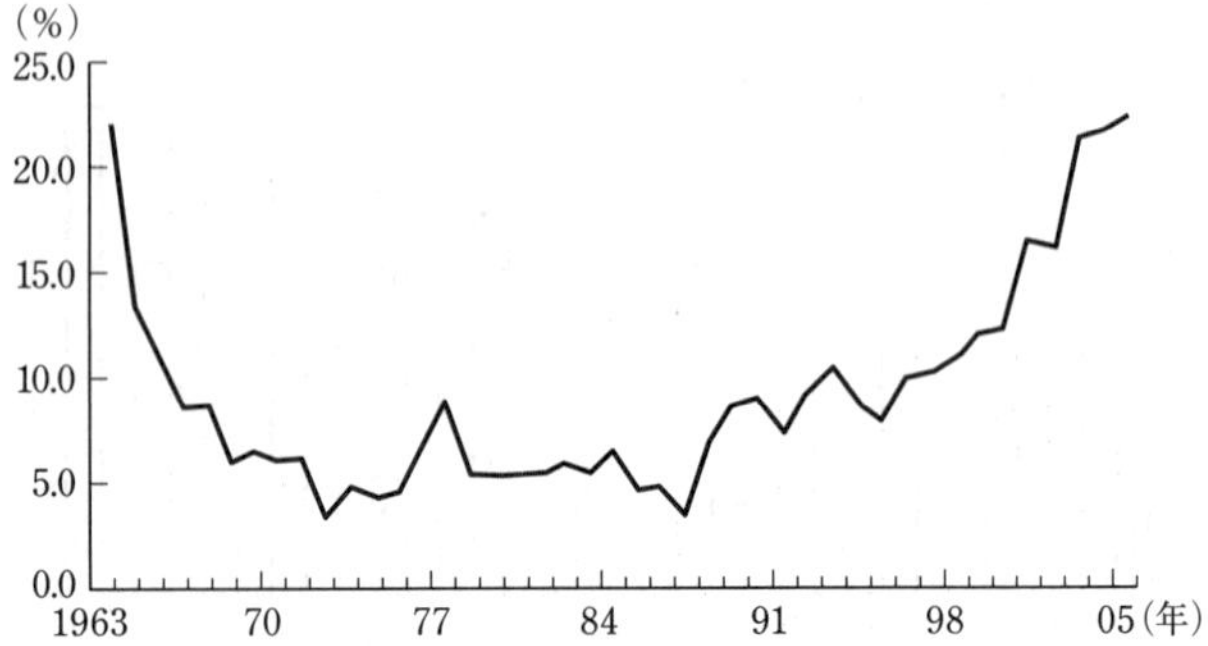

出所：金融広報中央委員会「家計金融資産に関する世論調査」

図 1–4　貯蓄を持たない世帯の割合(2 人以上の世帯)

状況にいるということは理解できるでしょう。貧困が深刻化している、すなわち格差が広がっているということは、こうした分析からも表れていると、私は判断しています。

また、自己破産する家計も増えてきています。破産というのは普通、企業の経営破綻に用いられる言葉ですが、家計にもその考え方を適用して、借金返済の猶予などが認められる制度です。一九九五年から現在まで、自己破産申し立て件数の推移(図1–5)を見ると、一九九五年が四万件でしたがピークの二〇〇三年には二四万件へと、六倍も増えています。経済的に破綻した家計の激増が読み取れます。

貯蓄がなくなり、借金に追い立てられて、ローン地獄に陥り、自己破産してしまう人が激増しているというのも、貧困者の数が増えた証拠として考えられます。

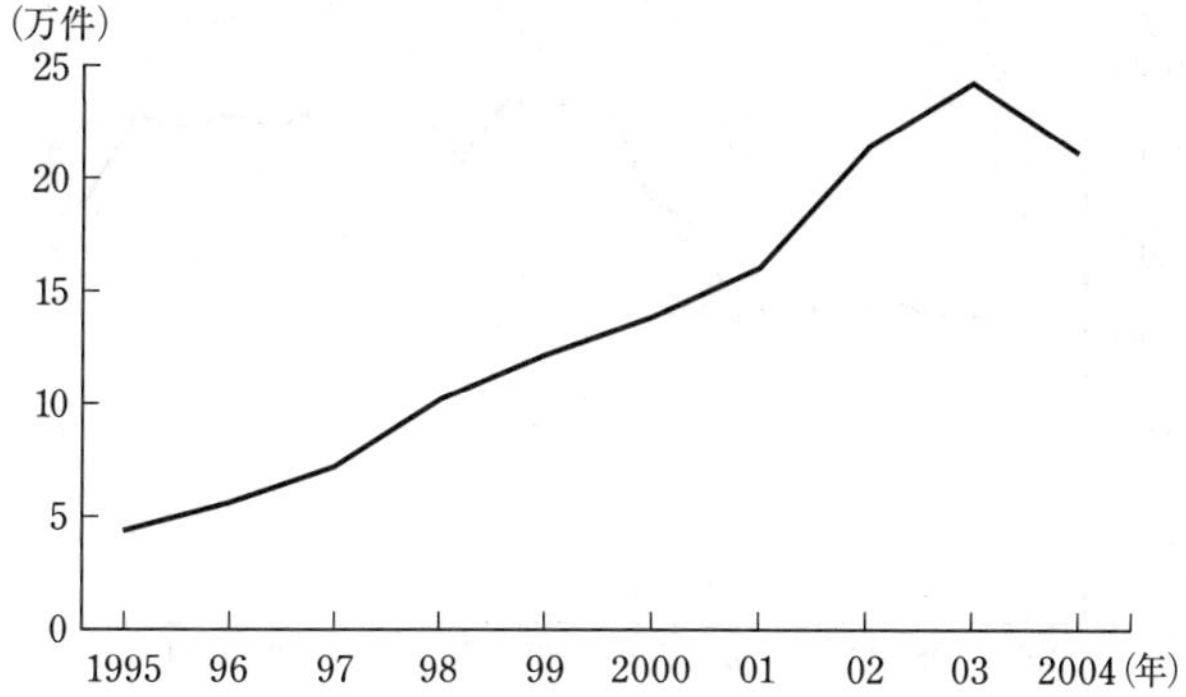

出所：最高裁判所事務総局「司法統計年報」

図 1-5　自己破産申し立て件数の推移

ホームレスの数

もう一つ絶対的貧困を測る指標を紹介しておきます。それはホームレスの数です。ホームレスがどれだけ増えてきたかということも重要な変数なので、簡単に述べておきたいと思います。

様々なシンクタンクが日本人に「日本は格差が拡大していますか？」といったアンケートを行ってみると、だいたい七〜八割の人が格差が拡大していると答えます。すなわち、日本人の大半の人が、格差が拡大しているという認識を持っています。多くの日本人がそう答える理由の一つは、彼らの目の前に次のような現象が現れているからだと私は考えます。すなわち、一つは、ベンチャー企業で成功した経営者、あるいは「六本木ヒルズ族」に代表されるような、これまででは考えられないような大金持ちが目立ってきたことです。もう一つの現象は、町を歩い

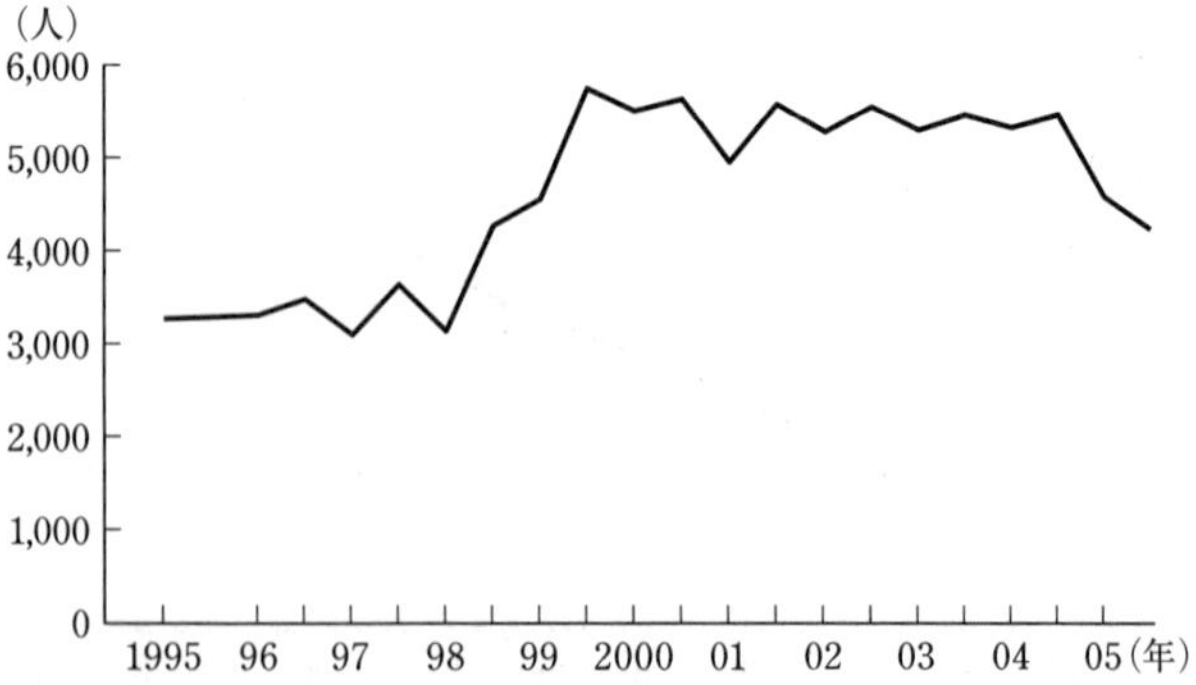

注：1995年は2月のみ，96年以降は2月と8月に調査．
出所：東京都調べ

図1-6　東京都のホームレスの人数の推移

ているとホームレスが、以前よりもかなり目につくようになったということです。

こうした二つの現象は、「貧富の格差が増えた」といった認識を持つことに貢献しているのではないかと、私は考えます。したがって、ホームレスの数が、実際にどうなっているかということは、重要な数値だと思います。

たとえば、東京都のホームレスの推移を見てみます(図1-6)。九〇年代の末から二〇〇〇年頃にかけてホームレスが三〇〇〇人から六〇〇〇人に倍増していることがわかります。これも、貧困者が増えたということの有力な証拠と言えるでしょう。

ただ、図をよく見ると、〇四年で高止まりとなって、ごく最近になってホームレスが減少していることも読み取れます。これは東京都が自立支援策を行った結果、ホームレスが若干減少したと考えることができます。逆の見方をすれば、ホームレスの数を少なくするためのいろいろな政策を行えば、それなりの効果を発揮できるとも考えられるのです。したがって貧困についても、やはり何らかの政策を採る必要があるでしょう。

日本の貧困率は先進国中第三位

次に相対的貧困について述べます。相対的貧困というのは、先述したように、他の人と比べてどの程度経済状況が悪いかという観点から分析します。この方法は、国際比較を行う際に重要な指標となります。

貧困の基準は、国によって社会や経済の状況がまったく違うので、絶対的貧困では、国際比較ができません。貧困の国際比較を行うには、まず貧困の定義を共通にする必要があります。そのため、その国の平均的な所得(より正確には「中位所得」と呼びます)の五〇%以下の所得しかない人を貧困者と定義します。このように定義すれば、各国共通の基準で算出できるので、貧困の国際比較に信頼性が増します。ここで取り上げるOECD調査もその定義に従って、国民のうち何パーセントが貧困者なのかを貧困率として算出しています。

現在、日本の貧困率は国際比較から見るとどうなっているのでしょうか。すでにマスコミなどでも報じられたので、ご存知の方も多いかもしれませんが、驚くべき事実がOECDの調査

表1-4　OECD諸国の貧困率(単位：%)

1 メキシコ	20.3
2 アメリカ	17.1
3 トルコ	15.9
4 アイルランド	15.4
5 日本	15.3
6 ポルトガル	13.7
7 ギリシャ	13.5
8 イタリア	12.0
9 オーストラリア	11.9
10 スペイン	11.5
11 イギリス	11.4
12 ニュージーランド	10.4
13 カナダ	10.3
14 ドイツ	10.0
15 オーストリア	9.3
16 ポーランド	8.2
17 ハンガリー	8.1
18 ベルギー	7.8
19 フランス	7.0
20 スイス	6.7
21 フィンランド	6.4
22 ノルウェー	6.3
23 オランダ	6.0
24 スウェーデン	5.3
25 チェコ	4.4
26 デンマーク	4.3
OECD全体	10.7

注：国につけられた数字は貧困率の高い順
出所：OECD(2004)，前出に同じ

によって報告されています(表1-4)。日本の貧困率は一五・三%で、加盟国中、第五位という高さとなっています。一位がメキシコで二〇・三%、二位がアメリカで一七・一%、三位がトルコで一五・九%となっています。ただし、メキシコとトルコは、まだ先進国とは言えません。したがって、メキシコとトルコをはずして、先進国だけで見ると、アメリカが一位で、二位がアイルランド、三位が何と日本となります。OECD全体の平均は一〇・七%。デンマーク、スウェーデン、ノルウェー、フィンランドといった北欧諸国は、四～六%台という非常に低い貧困率です。したがって、国際的にも、日本の貧困率は非常に高い位置にあると言えます。

次に、相対的貧困率について増加の推移を見てみます(表1-5)。日本の貧困率は、八〇年代半ばに一一・九%だったのが、現在、一五・三%にまで増えています。これはかなり高い増加率と言えるでしょう。他国を見ると、アメリカはずっと高い水準のままで推移しています。ヨーロッパでは、ドイツ、イギリスも増えていますが、フランスはそれほど変化していません。

以上、絶対的貧困と相対的貧困の双方から、日本の貧困の状況を検証しました。日本の貧困率については、いずれの計測からも、貧困者の数が非常に増えてきたと結論づけられます。

表1-5　先進5カ国の貧困率推移(単位：%)

	1980年代半ば	1990年代半ば	2000年
アメリカ	17.9	16.7	17.1
日　本	11.9	13.7	15.3
イギリス	6.9	10.9	11.4
ドイツ	6.4	9.1	9.8
フランス	8.0	7.5	7.0

出所：OECDの貧困率調査を基に駒村康平東洋大学教授が作成

4　統計に表れない格差の存在

統計では見えない富裕層の実態

ここまで、様々な統計データに基づいて、格差が広がってきていることを説明しました。経済学者にとって、統計データをもとに分析し、結論を導き出すのは当然、重要なことです。しかし、一方で、この統計自体にも限界があるということを認識する必要もあります。少し考えてみれば明らかですが、日本社会に生活している人すべてが統計に含まれているわけではありません。また計測の誤差も当然、存在するのです。

なかでも、統計に不備のある層として、二つのグループが代表として考えられます。第一の層は、富裕層すなわちお金持ちの人たちです。ここでは、資産が何十億円とか、所得が何億円などといった、かなりのお金持ちを念頭に置いています。そういう人たちの所得や資産などは、自分たちすら正確に把握していない場合が多いのです。なぜなら、何十億などという資産は、計算するだけでも大変です。したがって、そういう人たちの所得や資産というのは、統計においても比較的誤差の大きい数字しか出てこないという欠点があるのです。

また、お金持ちは行政に支払う税金も相当な額になります。なかには脱税する人もいますが、節税したいという意識が働くのは当然でしょう。したがって、税務統計を使って、お金持ちの所得や資産を測定しても、相当に過少申告している場合も考えられます。これらのことから、お金持ちに関しては、誤差の大きいデータしか出てこないという欠点が考えられます。

統計に表れない貧困層とは

富裕層以外にも、統計に表れない人たちは存在します。富裕層とは逆の層、すなわち貧困者や生活に困っている人たちが、統計から漏れていることも十分考えられます。たとえば、ホームレスについて考えてみましょう。図1-6で、東京都のホームレスについての統計を示しました。しかし、その実態は正確には把握できないのが実情です。ホームレスは「所得再分配調査」をはじめ、どの調査でもおそらく標本に表れません。住んでいるところもはっきりしないので、調査員も調査のしようがないのです。したがって、そういう人たちはまず標本から落ちてしまいます。

あるいは単身者はどうでしょうか。たとえば、福岡県出身で京都に住んでいる大学生がいるとします。住民票異動の手続きをせずに、福岡のままだったとします。そうすると、福岡では調査をしていますが、学生が実際に住んでいる京都には、調査が行きません。実体的には、その学生は単身者として生活しているのですが、福岡で家族の一人として調査されてしまう可能性もあるわけです。それ以外にも、医療施設や老人ホームなどに入所している病人や老人も、所得に関する調査は行われない可能性が高いと考えられます。また、高齢者で認知症の人たちなども、調査が難しいでしょう。

このように考えていくと、調査の対象から外れる人たちが、社会には多く存在しています。しかも、それに関して言えば、低所得者の人に多いということを認めざるをえません。

以上のことを勘案すれば、お金持ちと貧困者の両方にバイアスがあると言えます。お金持ちの方は、本来はもっと高い所得があるはずなのに、実態よりも低い所得が数字として出てくる。貧困者の方は、もっと深刻な貧困状況にある人がいるはずなのに、統計の標本には表れてこない。したがって、仮に、この二つのグループを正しく標本にとらえて、より正確な所得額に基づいて計測すれば、貧富の格差の実態は現在数字に表れているよりももっと大きくなるかもしれないということが類推できるでしょう。公表された統計に基づいて示された貧富の格差以上に、その実態はより深刻であると推測されます。ただし、これはあくまでも類推であり、どれだけの誤差があるかを調べるのは、とても困難です。

統計は過去のデータ

いま述べた以外にも、統計上の問題は存在します。よく指摘されることですが、所得分配の統計というのは、あくまで数年前のデータです。たとえば「所得再分配調査」は、二〇〇二年がもっとも新しいデータです。次に公表される二〇〇五年についてのデータは、二〇〇六年七月の段階でまだ公表されていません。したがって、私が最も有効だと考えている「所得再分配調査」においても、データの発表にズレがあるのです。

また国際比較を行ったOECD調査も、二〇〇〇年のデータを使い、二〇〇四年に発表しているのです。したがって、統計の整理と分析に関して、ここでも四年の遅れがあるわけです。その四年間に実際に起こったことと、過去の統計データが示していることの差をどう理解したらいいかというのは、それを見る専門家の判断に関わってくるのです。

逆に統計を集める側にすれば、所得のデータを集めるのは、とても困難で時間のかかる仕事です。統計を集め、集計して発表するのに時間がかかるのはやむをえません。したがって、ごく直近で何が起こっているのかということを、正確に把握するには、どうしても限界があります。すなわち、過去の数字を見て、そこから様々な要因を補足して、類推することしかできないのです。

以上のことをまとめると、統計にはいろいろな限界があります。格差に関するデータについても、そうした限界は当然あり、それらを勘案して把握する必要があるのです。

5　格差は「見かけ」なのか

「不平等」という指摘は政府を刺激する

「はじめに」でも触れましたが、格差をめぐって新たな論争が起きました。そのきっかけは、今年（二〇〇六年）一月に内閣府が、格差の拡大は統計上の「見かけ」にすぎないとする見解を公表したことにはじまります。

この内閣府の見解を知った時に、私はあるエピソードを思い出しました。すでに二〇〇四年に公表されたＯＥＣＤ調査を検証しましたが、ＯＥＣＤは過去三〇年来、先進国の所得分配の不平等度の研究を公表してきています。一九七六年に経済学者のマルコム・ソイヤーが、ＯＥ

CD調査に関する報告を出版しました。その中で、世界の先進国で所得分配が最も不平等な国はフランスであるという報告書を出しました。ちなみに、日本はこの時は、北欧諸国と同様に分配の平等性が高い国と報告されています。この事実が日本の所得分配の平等性を世に知らしめた影響力は大きく、日本政府もこの報告書を自国の宣伝に用いたこともあります。

この報告書に対して、フランス政府は驚いて、OECDに抗議をしました。統計の作り方がおかしいのではないか、フランスが世界の先進国の中で一番所得分配の不平等性が高いなどということはありえないと。

なぜフランスがそのような抗議をしたかということに、私は関心があります。つまり、どこの政府も自分の国の所得分配の不平等性が高いと言われると、不快に思うようです。逆に、平等性が高いということを国民に知ってほしいという希望が、どこの政府にもあるのではないでしょうか。フランスでは、当時のジスカール・デスタン大統領自らがOECDに抗議したという事実が示しているように、不平等度が高いという指摘は、政府をいたく刺激するのです。

そして、今日、日本において同じようなことが起きたと私は解釈しています。日本において格差が拡大していると様々なところで指摘されています。それに対して、先述したように、日本政府はこれを必死に否定しています。この日本政府の動機も、かつてのフランス政府の動機も、共通しているのではないかと考えます。すなわち、政府には、格差の拡大を国民にはあまり知られたくないという意図が、どこか働いているのではないかと、私は疑っています。

もっとも、政府のトップである小泉首相が「格差社会のどこが悪い」と回答したのだから、それに仕える官僚機構があえて格差社会を否定する必要などないとも言えます。

「格差見かけ論」が見落としていること

では、内閣府の「格差は見かけにすぎない」という論を、具体的に検証してみましょう。

内閣府はこの見解について、いろいろな根拠を示しています。第一に、日本において少子高齢化が進んでいることを指摘しています。もともと高齢者というのは貧富の格差が大きく、所得の格差が大きい層です。したがって、高齢化が進展したことにより、もともと貧富の格差の大きい人のシェアが増えたにすぎない、という説明です。

第二に、家族構成の変化を指摘しています。日本では家計における人数が減り、高齢単身者と若年単身者の二つの層を中心にして、単身者の数が増えています。共働きなど複数の構成員からなる家計よりも、単身者の家計の方が所得は少なくなります。したがって、そうした単身者のシェアが増えたことも、統計上、格差が増えているように見せているにすぎず、実際に貧富の格差が広がっているわけではない、という説明です。

私はこの内閣府の説明は、基本的には間違っていないと考えます。高齢化が進展したことや単身者の比率が増えたことによって、貧富の格差が増えるのは事実です。したがって、その根拠自体を、私は否定するつもりはありません。

しかし、私が反論したいのは次のようなことです。高齢化が進み、あるいは単身者の数が増えたということは、高齢単身者の数が増えたことを意味するわけです。第3章1で詳しく論じますが、私の調べた限りでは、高齢単身者において貧困者の数が非常に増えてきています。内閣府が、少子高齢化による「見かけ」とするのであれば、この高齢単身者という貧困層が増えたことをどう考えているのか、私は問いたいと思います。生活に困る人の数が増えていることを、「見かけ」として無視するのですかと。この私の反論に対して、今のところまだ、政府から答えを聞いていません。

セーフティネットと格差の関係

後に詳しく述べますが、日本社会において政府によるセーフティネットの規模が小さくなっています。セーフティネットというのは、簡単に言ってしまえば、不幸に陥った人たちに、自己の貯蓄、家族の支援に加えて、失業保険や生活保護、医療保険、介護保険など様々な形で社会保障給付を行うことです。セーフティネットの担い手は、家族、政府、企業、本人など様々です。その中で、ここでは主として政府によるセーフティネットに注目します。

このセーフティネットの規模が、質と量の双方において、ここ一〇～一五年の間に縮小しています。セーフティネットの規模が小さくなるということは、様々な所得維持政策の縮小を意味しますので、人々の所得が低下し、貧困者の数を増やすことにつながります。そういう政策を採りながら、一方で、政府が「格差拡大は実際は起こっていない」と主張することは、実は自己矛盾しているのではないかということも考えられます。政策においては格差拡大を助長しておきながら、統計上は格差拡大は起こっていないと主張することは、私は無理があるのではないかと考えます。そうした点でも、政府の見解は、やはり妥当ではないと判断します。

しっかりとしたデータを公表すべき

先述したように、一方で政府は格差が拡大しているという指摘に敏感になっています。そこで政府は、今は景気の回復期にあるという説明をはじめました。景気が回復の過程にあるから、失業率はこれだけ減っているではないか。また、有効求人倍率もこれだけ増えているではないかと、比較的統計がすぐにとりやすい、ごく直近のデータを用いて示しています。それによって、所得格差の拡大は縮小しはじめているという主張を政府は必死にしています。

しかし、そうした直近の失業率のデータで、政府の主張を後押しするのであれば、やはり所得に関するデータが利用可能になってから、所得分配が平等化しているということを、事実に基づいて示してほしいものです。政府の示しているような間接的なデータでは、正確なことは言えません。

しかも直近のデータについては、本書を執筆している最中にも次のようなデータが公表されています。「所得再分配調査」の基になっている「国民生活基礎調査」二〇〇五年版の数値です。全世帯と高齢者に関してジニ係数を示したのが表1−6です。これによると、二〇〇三年から〇四年にかけて、ジニ係数が全世帯、高齢者ともに上昇しているのがわかります。ここでの所得は再分配前所得なので、「所得再分配調査」における再分配後所得とは直接比較できませんが、このようにごく最近のデータを使ったとしても、再分配前所得では所得分配の不平等化が進行しているのです。

表 1-6　全世帯および高齢者世帯の年間所得金額のジニ係数の推移

年　次	全世帯	高齢者世帯
1994 年	0.3918	0.4464
1997 年	0.3954	0.4309
2000 年	0.3997	0.4159
2001 年	0.3965	0.3957
2002 年	0.3986	0.4192
2003 年	0.3882	0.3906
2004 年	0.3999	0.4131

出所：厚生労働省「国民生活基礎調査」

もっとも、二〇〇五年と〇六年が景気の回復状態にあるというのは事実です。したがって、仮に政府の主張が正しく、格差拡大は止まり、縮小の気配があるというのであれば、格差の拡大を問題だと考えている私にとっても、好ましいことではあります。

第2章　「平等神話」崩壊の要因を探る

第1章では、様々なデータを用いて、今日の日本社会における格差の現状がどうなっているかを検証しました。その結果、日本はかつてよりも所得分配の不平等度が高まっており、特に貧困層においては、深刻な経済状況が数字からもうかがえることが理解できたと思います。本章では、こうした格差の拡大がなぜ起こったのか、その要因を考えてみたいと思います。

1 長期不況と失業の増大

戦後二番目の高失業率を経験

日本社会において、格差が拡大した要因はいくつか考えられます。その一つに、長期不況の影響があります。日本経済は、一九九〇年あたりからごく最近まで、一五年ほどの長期にわたって不景気が続きました。

その影響を受けて、失業率も高まってきています(図2-1)。それ以前の日本の失業率は二%前後でしたが、長期不況に突入して以降、一時期、五・五%という戦後二番目の高さにまで達しました。もっとも、ごく最近になって、失業率がやや低下していることは好ましいことです。

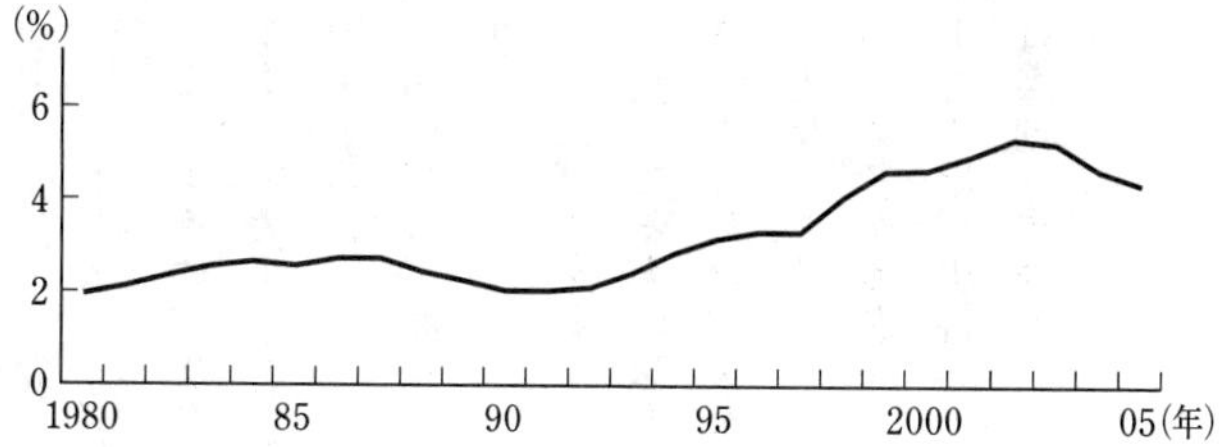

出所：総務省「労働力調査」

図 2-1　失業率の推移

失業者というのは、端的に言ってしまえば、所得がゼロの状態にある人を意味します。したがって、失業率が高くなれば貧困層も増えて、格差も広がることとなります。

失業者の二つの定義

失業率には、計測の方法によって二つの定義があります。一つは政府の発表するいわゆる「公表失業率」です。過去一週間のうち、まったく仕事をしておらず、かつ真剣に求職活動を行っている人を、失業者として定義して計測します。政府は、これを毎月、公表しています。

一方、これとは別の計測方法があります。政府の公表失業率においては、真剣に仕事を探しているというのが、失業者の重要な条件でした。しかし、求職活動を行っても仕事が見つけられないだろうと予測し、求職活動をやめる人も、不景気の中では少なくありません。たとえば、就職する意思はあるのに、あきらめて家庭に入ってしまうということが考えられます。そういう人たちを通常、「潜在失業者」と呼びます。不景気が深刻化すると、その数は当然、増えることとなります。公表失業者だけでなく、この潜在失業者も、低所得者を考える上で重要な要素です。

このように、失業者には二つの定義が存在しており、その両方を視野に入れる必要があります。公表失業者と潜在失業者の両者を合わせれば(潜在失業率は男性よりも女性に高くなっていますが平均すると)、すでに一〇%を超えているという結果が私の計算では出ています。日本においては、潜在失業率は公表失業率よりも、二、三倍ほど高くなっていると理解されています。

また、失業者を考える上で重要なことは、失業の期間です。不況の状態が続くと、失業期間が長くなる人の数も増えます。もちろん景気がよい時でも、失業者は存在します。しかし、景気がよければ、失業者はすぐ職を見つけることができますが、景気が悪いとなかなか職に就くことはできません。したがって、日本では、ここ一五年ほどの長期不況の中で、失業期間の長い失業者が多かったという指摘も重要です。たとえば二〇〇一年において、失業期間が一年以上の人は、男性で三一・一%、女性で一七・六%となっています。一年以上の失業期間というのは深刻な事態と言えます(表2-1)。

表 2-1　男女別，年齢別にみた完全失業者の失業期間
（単位：%）(2001 年)

男　性	3 カ月未満	6 カ月未満	1 年未満	1 年以上
総　計	34.2	13.0	21.2	31.1
15～24 歳	44.1	14.7	20.6	20.6
25～34 歳	40.8	10.2	16.3	30.6
35～44 歳	37.5	12.5	25.0	25.0
45～54 歳	34.5	13.8	20.7	31.0
55 歳以上	19.6	12.5	23.2	42.9

女　性	3 カ月未満	6 カ月未満	1 年未満	1 年以上
総　計	47.2	17.6	16.8	17.6
15～24 歳	58.6	13.8	17.2	10.3
25～34 歳	52.6	18.4	10.5	18.4
35～44 歳	47.6	19.0	14.3	19.0
45～54 歳	33.3	19.0	28.6	19.0
55 歳以上	31.3	18.8	25.0	31.3

出所：総務省「労働力調査特別調査報告書」

2　雇用に広がる格差

非正規雇用の増大

雇用システムの変化も格差拡大の重要な要因です。なぜなら、日本の雇用システムは、ここ数年で急激な変化を遂げており、そのことが格差に大きな影響を及ぼしているからです。その大きな変化の一つは、非正規(雇用)労働者の数が非常に増えたということです。

非正規労働者と一口に言っても、様々な形態があります。代表的なものは、パートタイマーです。決められた時間給(通常は正規労働者よりも安い賃金)で、短時間の労働に従事するものです。次に、雇用期限付労働者というものもあります。つまり、二カ月とか半年などと雇用する期間を決めて、その雇用期間が終わったら解雇されるものです。もっとも、再雇用される場合もありますが、不安定就業であることに疑いありません。その他に派遣労働者というものもあります。これは、派遣会社に登録しておいて、ある企業がこういう人材が欲しいと要望したら、派遣会社からその企業に派遣され、短期間で働くものです。ちなみにフリーターなどは、パートタイマーの場合も雇用期限付労働者の場合もあります。

非正規労働をめぐり、最近、「偽装請負」制度が問題となっています。実態は派遣労働でありながら、請負労働者として労働させ、労働法などの束縛から逃れて、労働費の節約をはかろうとするものです。

今日、こうした非正規労働者の数が、非常に増えています。図2-2は正規労働者と非正規労働者の人数の推移を示したものです。一九九五年、正規労働者は三七七九万人、一方、非正規労働者は一〇〇一万人でした。それが、二〇〇五年には、正規労働者が三三七四万人、非正規労働者が一六三三万人となっています。すなわち、ここ一〇年の間に正規労働者が約四〇〇万人減り、非正規労働者が約六三〇万人も増えたことになります。このことは、格差拡大の大きな要因だと、私は考えます。なぜ非正規労働者の増大が格差拡大につながるのでしょうか。

第一に、正規労働者と非正規労働者の間には、一時間あたりの賃金に格差が存在します。非正規労働者の賃金はかなり低くなっており、統計によっても多少の違いがありますが、正規労働者の六〜七割と言われています。

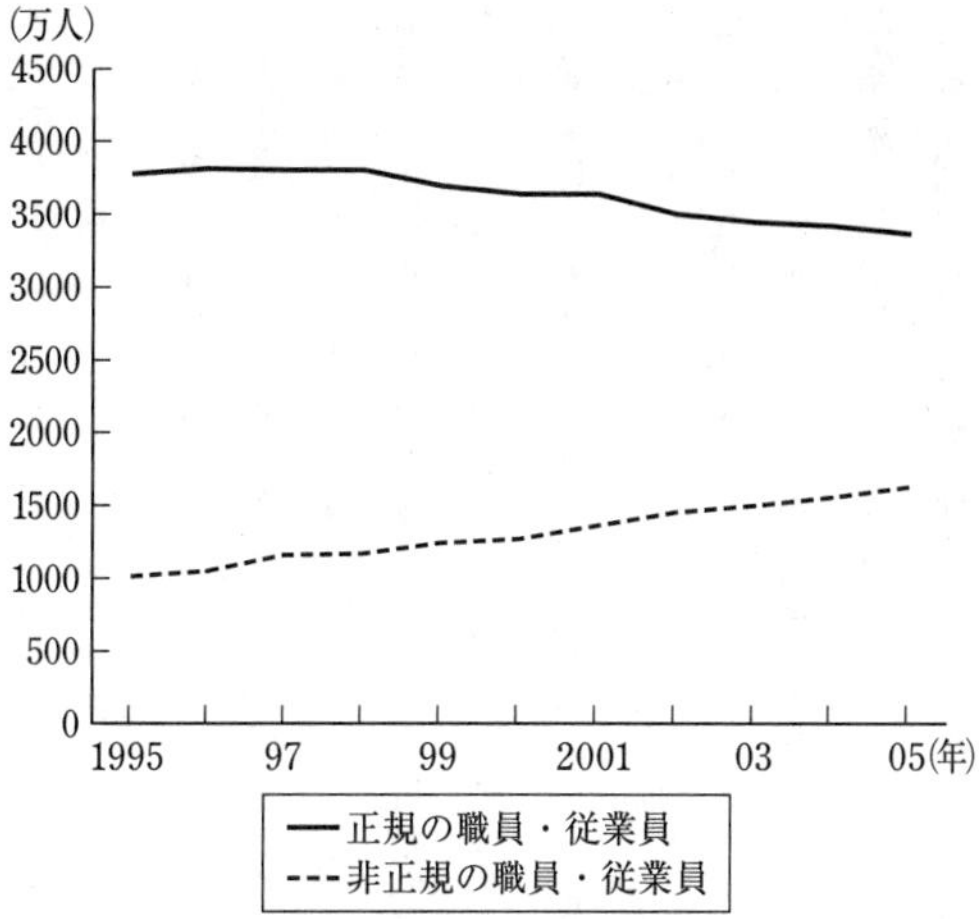

出所：総務省「労働力調査」

図 2-2　雇用形態別雇用者数の推移

第二に、非正規労働者というのは、パート労働者に見られるように、労働時間が比較的短いということが考えられます。したがって、賃金が低い上に、一カ月間に働く労働時間が少ないので、正規労働者に比べて、総賃金の額が低くなってしまいます。

第三に、非正規労働者というのは雇用が不安定です。期限付労働者や派遣労働者は、雇用期間が終わったら、次の仕事が見つからない限り即失業者になるわけです。いつでも無業者、無所得者に陥る可能性があるのです。

このように、もともと賃金が低い上に、

不安定な立場に置かれている非正規労働者が増えれば、それは格差の拡大につながるわけです。

非正規労働者が増えたのはなぜか

近年、非正規労働者が増えたのはなぜなのでしょうか。四つの要因を指摘したいと思います。

第一に考えられるのは、不景気による影響です。不景気になると、企業としてはなるべく労働コストを抑えたいと考えるのは当然です。したがって、賃金が低い非正規労働者を多く利用することは、企業側から見れば、労働コストの削減につながるわけです。

第二に、非正規労働者の多くは、社会保険制度に入っていません。このことも企業側にとってはメリットがあるのです。失業保険(日本では雇用保険と呼ばれています)、厚生年金、医療保険といった社会保険に入っていない人が、非正規労働者の中にはたくさんいます。たとえば、失業保険に加入するためには、週あたり二〇時間以上働いていなければなりません。また、雇用期間、雇用契約が一年以上でなければならないという条件もあります。そうした条件が課されると、おのずと失業保険に入れない人の数が増えることになります。先述した非正規労働者の定義を考えれば、多くの人が、そういう条件から外れるということが考えられます。その結果、非正規労働者の多くが失業保険に入れなくなってしまうのです。

厚生年金でも同様です。厚生年金に加入するためには、週の労働時間がフルタイマーの四分の三以上である必要があります。逆に言えば、四分の三以下の労働時間しかない人は、厚生年金に入れないわけです。医療保険についても触れておくと、組合健保、政府管掌など、様々な医療保険があります。家計の世帯主が保険者であれば、その家庭の妻や子どもといった被扶養人は、世帯主が加入している保険に入ることができます。しかし、これには年収の制限があります。「一〇三万円の壁」などとよく言われますが、一〇三万円以上の年収を得ている場合は、その労働者は被扶養人とは認められないのです。ここでも加入条件に当てはまらない、非正規労働者が出てくる可能性があるのです。

通常、社会保険は、事業主と労働者で折半の負担となっています。したがって、社会保険に入らない非正規労働者を雇えば、企業は社会保険料の事業主負担分を免れることになります。したがって、これも企業が非正規労働者を増やした要因として考えられるでしょう。

第三に、解雇が簡単にできるという非正規雇用の特徴もあげられます。企業が事業不振に陥った際、まず最初に、クビを切りやすい非正規労働者を解雇します。そのことによって、労働コストの抑制をはかるわけです。一方、正規雇用の場合であれば、簡単には解雇はできません。こうした面でも、企業からすれば、非正規労働者を雇うメリットがあるのです。

第四に、特にサービス業が顕著ですが、どの企業でも時間によって忙しい時と、そうでない時があります。たとえばレストランでは、昼食時と夕食時が忙しく、そういう時間帯には、人手がたくさん必要になります。したがって、昼食時や夕食時にだけ働いてくれるようなパートタイマーは、企業にとって好都合なのです。

非正規雇用しか選べないという現実

このように企業側からすると、非正規労働者を雇うことに、様々なメリットがあるのです。しかし企業側ばかりの要因ではないということも、補足しておく必要があるでしょう。若者や既婚女性の中には、自ら進んでパートタイムや期限付雇用を望む人もいます。女性の場合であれば、子どもの年齢が小さいなど家庭の事情によりフルタイムで働けない、あるいは働きたくないという人も少なくありません。高齢者であれば体力のことから短時間労働を望む人もいるでしょう。また若者であれば、正社員として働くことで、自分の時間が奪われるのを避けたい、自由な時間が欲しいと考える人もいるでしょう。

ただし、ここで重要なのは、本人はフルタイムの労働を望んでいるのにもかかわらず、企業が非正規雇用のメリットにこだわって、フルタイムで雇ってくれないということが、実際に少なくないということです。その結果、自分は非正規労働者を望まないが、希望に反して非正規労働者に甘んじているという状況が生じています。それをどうするのか、ということは重要な問題です。これについては、第4章でも詳しく述べます。

規制緩和と非正規雇用

非正規労働者が増えたことについて、もう一つ論点を紹介しておきましょう。労働市場の規制緩和についてです。現在、労働市場において規制緩和が進められています。たとえば派遣労働者として雇える業種の数が増え、あるいは派遣労働者の派遣期間に関する取り決めも、大幅に緩和されました。その結果、企業が容易に、派遣労働者をはじめとする非正規労働者を雇うことができるようになったわけです。したがって、その点をとらえて、労働市場の規制緩和が、非正規労働者の数を激増させたと指摘する人もいます。確かに労働市場の規制緩和が非正規労働者を増やしたことは事実でしょう。

しかし、格差の拡大という点から考えると、労働市場の規制緩和はそれほど重要な要素ではないと、私は考えています。労働市場の規制緩和よりも、むしろ産業における企業参入の自由化といった規制緩和の方が、格差の拡大については、重要な要因ではないかと考えます。

タクシー業界を例にとるとわかりやすいでしょう。タクシー業界では、行政側が地域によってタクシーの台数を決めていました。近年、そういう規制を撤廃して、誰でもどの企業もタクシー業界に参入できるようにしました。その結果、タクシーの数が非常に増えたわけです。タクシーの数が増えても、タクシーを利用する人の数がそれほど増えるわけではありません。したがって、一台あたりの売り上げが減り、タクシー運転手の収入が減ることとなります。現に、タクシー運転手の年収はここ数年で相当低下したことが、統計で確認されています。企業の参入障壁を外して、どの企業でもビジネスを可能にするようにした、という意味での規制緩和の効果は、賃金の格差拡大につながったと私は判断しています。

ちなみに、タクシーの例について、規制緩和を推進する側からは次のような意見が出されています。すなわち、タクシーの台数の増加はタクシー料金の低下を促したので、消費者一般の利益は大きい、あるいはタクシー運転手の増加は失業率を低下させる効果をもたらした、といった主張です。これらのメリットとタクシー運転手の所得低下というデメリットのどちらが大きいのかについては、簡単には判断ができません。ただ、失業率を低下させる政策の効果を論じるのであれば、タクシーの台数を増加させて雇用数を増やすのではなく、他の業種の仕事の増加ではかる方が正当ではないかと考えます。

サービス残業も雇用を縮小させる

ここまで、非正規労働者を中心に述べました。一方、正規労働者にも、新たな問題が起きており、そのことも非正規労働者が増える要因だと考えます。それはサービス残業です。時間外労働に対して企業が賃金を支払わないという実態があります。電力会社など公益性が高く、一流といわれるような大企業でも、最近、サービス残業を行っていたことが摘発されています。

サービス残業は、当然、違法行為です。しかし、今日のように転職が難しいような状況では、会社からサービス残業を要求されれば、我慢して企業に貢献しようという意識が働くでしょう。また、サービス残業を拒否せず、一生懸命働いて努力している姿を経営側にアピールし、たとえば昇進を早くしてもらおうという意識も働くかもしれません。

サービス残業が厳しく禁止されるならば、企業は正規労働者に、その残業分について賃金を支払うことになります。あるいは、新しい人を雇って、その分の仕事を行わせることになります。したがって、正規労働者にサービス残業を課すことは、新たな雇用の可能性をなくしていることにもなります。このことも、非正規労働者が減らない要因だと考えます。

景気回復は雇用の格差を解消するか

本章1で、不況が失業率を高め、結果として所得分配の不平等も増すということを説明しました。現在、日本経済は、景気の回復過程にあります。景気がよくなれば、所得分配の不平等も縮小するということは、多くの先進国が大なり小なり経験しています。ならば、日本の場合もこのまま景気がよくなれば、雇用の格差は自然に縮小に向かうのでしょうか。私は、必ずしもそうならないと考えています。なぜなら、まず景気の回復が見られるのは一部の大企業のみで、地方や中小企業にはそれがまだ波及していない、との声がいたる所で聞かれるからです。

しかも、たとえ景気が回復しても、非正規労働者を正規労働者へ転換することが、それほど期待できないからです。すなわち、企業が、そう簡単に正規労働者の数を増やそうとしないだろうと、私は予測しています。このことを具体的に検証します。

景気の回復が一部に見られることは事実ですが、企業は新しく人を雇う際に、新卒を中心に雇うのが一般的です。たとえば、景気回復が見られた二〇〇六年三月に卒業した新卒の人たちの就職状況は好調でした。大卒の就職率が九五%、高卒の就職率が九二%という数字が報告されています。しかし、企業は、パートタイマーやフリーターを新しく正規労働者に採用するという行動に出るでしょうか。私は、次のような理由から否定的な見方をしています。

第一に、先述したように企業はここ一五年の長期不況の中で、非正規労働者を雇うことのメリットを経験したということが挙げられます。正規労働者の数を増やせば、労働費用が増えるだろうと企業は考えます。あるいは、労働者の雇用数を簡単に変動させることができるなど、非正規雇用のもっているメリットを失いたくないという意識も働くでしょう。したがって、新卒を中心に採用の増加を行い、既存の非正規労働者は、そのまま既存の非正規労働者のままでおこうという姿勢が、企業に見られると私は考えています。

第二に、主にフリーターについてなのですが、企業は一度フリーターになった人を正規労働者として雇おうとしない傾向が顕著に見られます。フリーターに甘んじている人たちを勤労意欲がないと見ている企業も少なくありません。あるいは、仕事における熟練度が不足しているだろうという判断も働きます。したがって、フリーターを積極的に雇って、正規労働者に転換しようという意思は、企業にはあまり見られないのが現実です。現に、二〇〇六年に経営者団体が行ったアンケート調査によると、フリーターを雇用すると回答した大企業は、わずか二割にすぎませんでした。そもそも日本社会においては、企業に採用された人の教育や訓練は主に企業が行ってきました。ところが今回の不景気によって、企業にはそのための資金的な余裕がなくなっています。したがって、フリーターを教育し、訓練して、正規労働者に変えようとする行動を企業が起こすことも期待できないでしょう。

このように見てくると、景気回復が見られても、非正規労働者の数が減少して、それが雇用における格差を解消に向かわせると期待することは難しいでしょう。

3 所得分配システムの変容

薄れる「賃金決定の中央集権主義」

次に、格差拡大の要因として、日本において所得分配システム、特に賃金決定方式が変化したことについて論じます。所得は様々な構成要素から成っていますが、特に重要な構成要素である賃金に関して述べたいと思います。日本の社会において、賃金決定の方式が中長期的に変わってきたということが、格差拡大の重要な要因として挙げられます。

かつて日本の賃金は、いわゆる「春闘方式」と呼ばれる方法で決定されていました。すなわち、毎年春になると、各産業別に経営者の代表と労働組合の代表が交渉を行います。「これだけ生産性が伸びたのだから、賃金もこれだけ増やしてほしい」といった具合に話し合いを行い、中央で毎年の賃金を決めていました。

経済学では、春闘方式のように中央で決める方式を「賃金決定の中央集権主義」と呼んでいます。すなわち中央で一律に賃金を決めてしまうという方式です。こうした方式を採っている国は、資本主義国家の中には結構あります。ドイツやオランダ、あるいは北欧諸国などは、中央で労使の代表と、時には政府の代表も加わって、その国の賃金の水準を決めるという制度を採用しています。ちなみに、こうした賃金決定方式が定着していたオランダでは、そこからいわゆるワークシェアリングというアイディアが生まれることになりました。これについては、第5章2で述べることとします。

一方、中央集権に対立する考え方として、「分権化方式」というものがあります。分権化方式というのは、中央で賃金を決めるのではなく、各企業レベルで社員の賃金の伸び率を決める方法です。この考え方がさらに進むと、その企業の労働組合の代表が経営者と交渉して、賃金を決めるのではなく、社員個々人が経営側と直接交渉して賃金を決定する方式になります。それを分権化の中でも、特に「個別賃金決定方式」といいます。

日本の場合、春闘方式は、ここ一〇～一五年ぐらいの間に崩れてきています。春闘はすでに終わっており、かなり分権化が進んだという見方をする人もいます。私も日本は分権化の過程にあると見ていますが、現在の日本では多くの場合、個々の企業の組合の代表と経営者が交渉して賃金を決める方式が一般的だと思います。

ちなみに、分権化方式のうち、個別賃金決定方式を採用している代表的な国は、アメリカとイギリスです。日本の経営者の中には、日本もこの個別賃金決定方式に移るべきだと考える人も増えてきているようです。

賃金決定の分権化がもたらす変化

では、賃金の決定方式が、中央集権主義から分権化に移ることは何を意味するのでしょうか。三つの現象から説明したいと思います。

第一に、業績のいい企業と、業績の悪い企業の格差が広がるということが指摘できます。中央集権主義の場合、産業別に賃金を決定します。したがって、業績のいい企業も悪い企業も、同じ産業であれば一律に賃金の上昇を期待できました。しかし、分権化方式では、各企業で決めるので、業績のよかった企業と業績の悪かった企業との間で支払い能力に差が生じ、賃金に格差が出てきます。当然、業績の悪い企業で働く人の方が賃金が低くなることでしょう。

この企業間格差については、企業の規模も影響を与えています。すなわち、現在の日本を見ても、大企業の方が業績がよく、高い利益を得ています。一方、中小企業では、業績不振に苦しんでいるところが少なくありません。したがって、賃金決定方式の変化は、企業規模による賃金格差の拡大につながったと考えることができます。

第二に個人間の格差です。分権化方式であっても個別賃金決定方式であっても、同じ企業において、業績をあげた人、あげなかった人の間で、賃金格差が広がることとなります。現在の日本の企業のなかにも、こうした方式を採る企業が増えてきています。

第三に、企業間、個人間の格差に加えて、中央と地方の所得格差の拡大も指摘できます。今日の日本の企業を見ると、中央にある企業の方が比較的業績はよく、一方、地方にある企業は不振にあるという現象が現れています。不景気に悩んでいる企業は地方に多いという事実があります。したがって、地方に働いている人の賃金は平均的に低くならざるをえないわけです。

賃金決定方式の変化として、近年、成果主義賃金の導入が増えていることも重要です。これまでの日本の企業においては、賃金は年功序列によって決められている場合が多くありました。すなわち、労働者の年齢やその企業で働いている年数が増えるに従い、賃金が上昇するという方式です。終戦直後、電気産業がこの賃金の年功序列方式を導入し（「電産型賃金」と呼ばれます）、それを他の業種・企業も取り入れて普及したという経緯があります。

年功序列賃金の発想には、生活給という考え方があります。すなわち、人は年をとるとお金がたくさん必要になってくるという考えです。たとえば、家を建てなければいけない、子どもの教育費も必要だ、扶養家族も増えるといった具合です。こうした考え方に立脚したのが、生活給です。この方式は、職務の有能な人もそうでない人も、年齢さえ上がれば賃金が増えるので、ある意味では、人を平等に扱う考え方だと解釈することもできます。

この生活給の考え方は、当時の日本において一定の力を保有していた、マルクス主義の主張にも影響を受けています。マルクス主義は賃金決定において、労働者の生活に必要な額に応じて支払うべきとする、「必要度からの要請」という思想を持っていたからです。

戦後、日本の企業において、この年功序列賃金方式は一般的でした。しかも、うまく機能してきたのです。この年功序列賃金が採用され、普及した要因には、戦後しばらく、日本が貧しかったことが挙げられます。すなわち国全体が貧しいので、働きぶりに応じて賃金に格差を付ける余裕などなかったということです。みな、平等に扱わざるを得なかったわけです。

また、そのように平等に扱うことは別の側面をも強調することになります。すなわち、全員で協力して頑張るという雰囲気が強調されることにもなったのです。格差を付けると、不満を持つ人も少なからず出てきます。その結果、ますます頑張らない人も出てくるかもしれません。一方、年功序列賃金は皆が高い勤労意欲を持てるシステムとしても機能したのです。この方法が日本の企業組織にふさわしいという合意が、かつては形成されていたと、私は考えます。

成果主義賃金の導入

しかし、高度成長期を経て、日本も豊かになってきました。それにともない、年功序列や生活給的な考え方に不満を持つ人も現れます。頑張っている人や有能な人の中から、平等主義によって自分の賃金が増えないことへの不満が徐々に出てきました。また高度成長期以降、企業の支払い能力が高まってきたので、頑張る人や有能な人に対して、高い賃金や早い昇進で応える余裕も企業に出てきました。また、高い賃金を得ることによって、労働者の中にもっと働くことで応えなければならないという意思も働くようになりました。そのようにして、いわゆる能力主義、成果主義と呼ばれる方式を導入する企業も、ここ一〇年ぐらいで増えてきました。

アメリカやイギリスでは、企業の多くが成果主義賃金を採用しています。有能な人、頑張る人を優遇することが、その人たちの勤労意欲をさらに高め、企業の業績の向上につながると考えているのです。日本でも、そういう考え方を信じる経営者が増えてきています。また労働者の中でもこの考え方を支持する人が増えています。成果主義賃金が導入されれば、労働者間の賃金格差の拡大が生じます。したがって、成果主義賃金を導入する企業が増えれば、賃金格差が広がっていくこととなります。現在の所得格差の拡大には、こうした要因も考えられます。

難しい「公平な評価」

私自身はこの能力主義を、悪いとは考えていません。先述したように、かつては企業に能力に応じて支払うだけの余裕がありませんでした。また、ほとんどの人が貧しい状況では、全員を平等に扱わざるをえなかったのです。しかし、現在、フルタイムで働く正規社員に限っていえば、賃金が低くても、食べていけないほどではありません。したがって能力や実績に応じて、賃金格差が生じること自体は、経済的に見て合理性があると私は考えています。

ただし、成果主義賃金を肯定するには、次のような条件が必要です。すなわち労働者の働き具合を公平に評価する制度が、うまく機能する必要があるのです。そして、今日の状況を見る限り、この公平な評価制度が日本の企業にはまだ定着してないと私は考えます。その結果、成果主義賃金が必ずしも、うまく機能していない企業もたくさんあります。

成果主義賃金の失敗例も出てきています。富士通が成果主義賃金を採用したにもかかわらず、様々な問題が発生し、制度の見直しをせざるをえなくなったことは、よく知られています。

税の累進度が弱まった

所得分配システムの変容に関して、ここまでは賃金について分析しました。次に税制について検証したいと思います。どれだけ税金や社会保険料を支払うかが、再分配後所得の程度を決めます。過去二〇年間、日本においては、所得税の累進度が低下してきています。累進度というのは、端的に言ってしまえば、高い所得の人からは高い税を徴収し、逆に低い所得の人からは低い税を徴収するということです。

図2-3を見ればわかるように、所得税の最高税率が一九八六年は七〇%でした。ちなみにそれ以前には八〇%の時期もありました。それが今や三七%にまで下がっています。すなわち八六年と比べても半分近く税率が低下しており、これは所得税が累進度を低下させたということになります。単純に言えば、高所得者を優遇し、低所得者に不利な制度を導入してきたと言えます。所得税とあわせて、相続税にも同様のことが起きています。すなわち、これまでは高い資産を相続した人から高い税を徴収する方式でしたが、今日、この累進度が緩和されています。このように所得税と相続税の累進度を緩和したことが、再分配後所得の格差拡大につなが

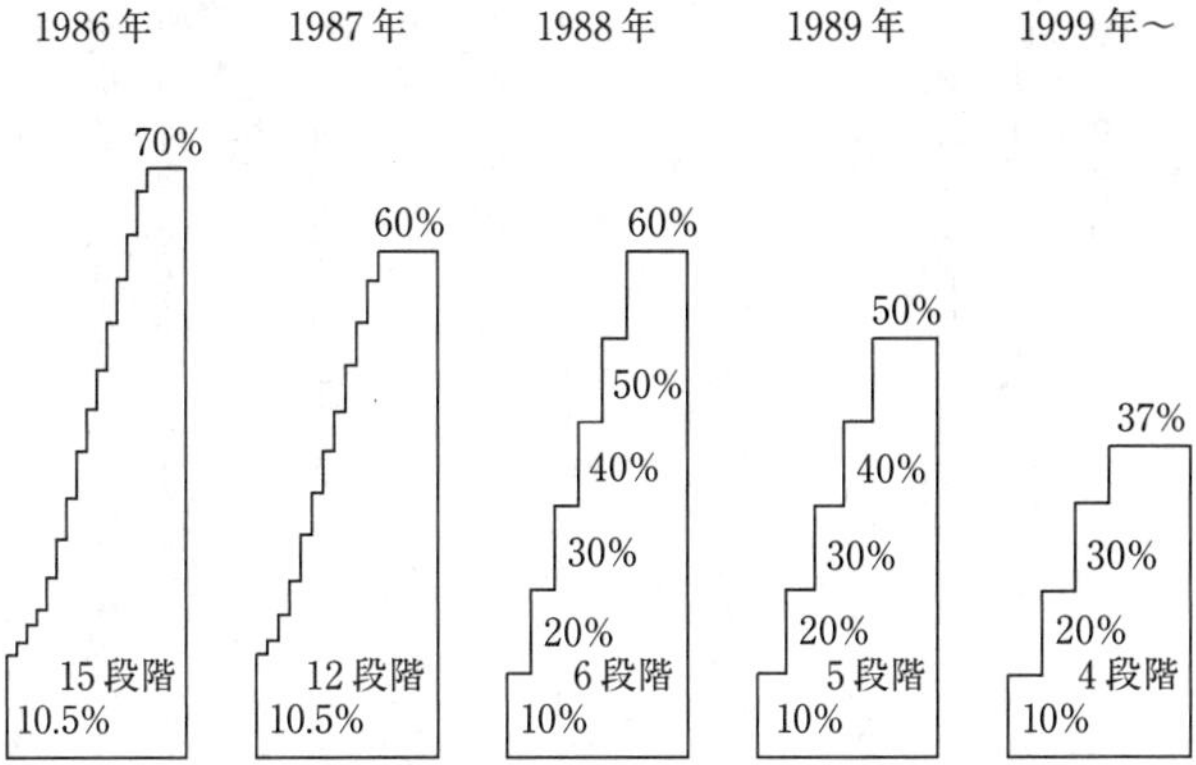

注：(1)　地方税がこの所得税に加わる
(2)　1999年以降では，20％の所得税額の減税があった

図2-3　所得税率の変遷

ったと言えるでしょう。

所得税や相続税の累進度が緩和されたのは、高額所得者と高額資産保有者からの不満に、政府が応えた結果です。高い税金を取られると勤労意欲を失う、あるいは高い相続税を取られると、自分の子どもに事業や土地・金融資産などを移転できない。そうした不満に応える形で、累進度を緩和させてきたのです。

社会保険料は逆進性

社会保険料も所得分配システムを構成する重要な要素です。社会保険料は、通常、逆進性という性格をもっています。高額所得者と低額所得者を比較した場合、社会保険料に関しては、高額所得者の方が相対的に負担が少なくなります。これは、定額保険料という制度を考えれば、明らかでしょう。たとえば国民年金は、一人の支払う額は一律に一万三八六〇円と定額になっています。すなわち、所得の多い少ないは考慮されないのです。これが逆進性です。この社会保険料の逆進性も、所得格差を拡大する要因です。

日本ではここ一〇年ぐらい、社会保険の保険料のアップ、すなわち負担の増額、そして給付の削減が連続的に採られてきています。確かに少子高齢化を迎え、将来の社会保障制度の安定を確保するためには、この政策にはある程度やむをえない側面もあります。しかし、現在の状況は、やむをえないという程度を超えて、所得格差を拡大するという意味で、深刻な状況をもたらしていると、私は考えています。これについては、第5章6で詳しく論じます。

4　構造改革の何が問題なのか

構造改革とサッチャー、レーガン改革

本章の最後に、小泉内閣が押し進めてきた構造改革と格差の関係について考えてみたいと思います。格差拡大の事実を認める経済学者の中にも、構造改革は格差拡大にはつながっていないと主張する人もいます。しかし、はたしてそう言えるでしょうか。結論から言えば、私は、構造改革は格差拡大を助長していると考えています。所得格差自体は、小泉内閣による構造改

革が登場する以前の八〇年代から拡大し続けています。したがって、構造改革が格差拡大の根本的な原因だとは考えません。しかし、格差が拡大していることを容認し、規制緩和や競争促進などの政策によって、それを助長していると私は判断しています。

構造改革に賛成する部分もあります。それは経済の活性化を促進する効果があるからです。しかし、格差という視点から見た場合には、やはり様々な問題を抱えているのではないかと考えています。この問題を考えるにあたり、一九七〇年代後半から八〇年代初期に、イギリスのサッチャー首相とアメリカのレーガン大統領が行った経済改革との比較が参考になります。なぜなら、構造改革は考え方において、その二つの経済改革と共通する面があるからです。

サッチャー首相とレーガン大統領は、一九七〇年代後半から八〇年代にかけて、最悪の状態にあったそれぞれの国の経済を立て直すことに成功しました。彼らが行ったことは、第一に市場原理の活用です。規制を緩和して競争を促進し、経済の効率性を高めようとしました。第二に大幅な減税政策です。多くの税金を取られることで、企業や個人が勤労や投資の意欲をなくしてしまうかもしれない。また貯蓄に関しても、あまり高い税を課されれば、多くの人が貯蓄を回避するかもしれない。そうなれば、資本の不足が生じて、設備投資なども難しくなってしまう。こうした点を回避しようと努めたのです。第三に福祉の見直しです。イギリスでは「揺りかごから墓場まで」という言葉があるように、伝統的には福祉が充実していました。しかし、福祉が充実しすぎると、人が怠惰になるという考えのもと、福祉を大幅に削減したのです。

ちなみに、この三つの政策を経済学では、サプライサイド・エコノミー、あるいは「供給側に立った経済学」とも言います。この三つの政策は、構造改革のキャッチフレーズ「官から民へ」「中央から地方へ」という思想にも通じていると私は考えます。

こうしたレーガンとサッチャーの政策は、経済の立て直しという面で成功を収めましたが、同時に、二つの現象を引き起こしました。第一に、所得分配の不平等化が進行しました。国民の間の所得格差が拡大したのです。アメリカを例にとると、一九六〇―六九年ではすべての所得階級で所得の増加が見られますが、一九八〇―八九年では低所得層に所得の減少が表れています(図2-4)。第二に、減税政策の結果、大変な財政赤字に陥りました。特にアメリカ政府の財政赤字は国際収支の赤字とともに双子の赤字と言われ、非常に深刻な状況に陥ることとなったのです。同様なことが、現在の日本にも起きていると、私は見ています。

構造改革は格差を助長している

先述したように日本の構造改革には、評価すべき点もあります。第一は、不良債権の処理に成功したことです。バブル崩壊以降、銀行など金融機関の不良債権が急増しました。多くの金融機関が倒産し、連鎖倒産の発生という事態も起きました。それに対して、政府は不良債権の

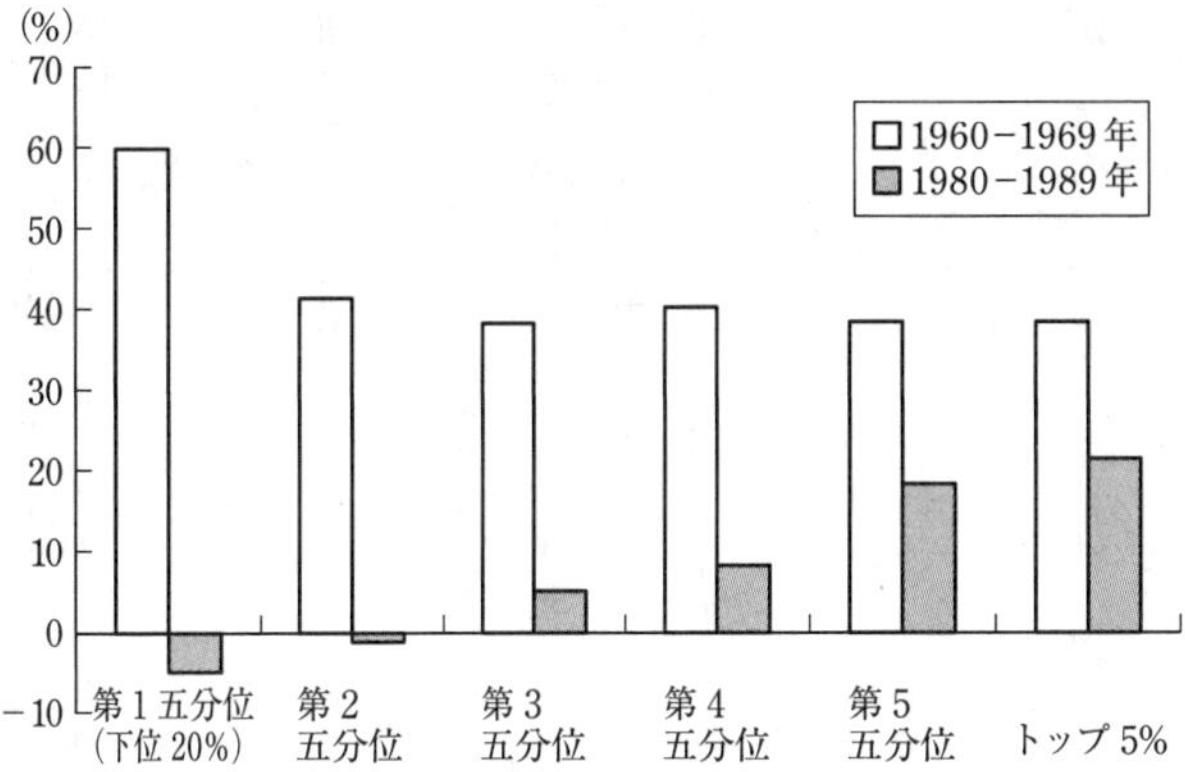

注：五分位とは所得の低い人から高い人を順に並べて，20%で区分したことを意味する．第 1 五分位は下から 20%に属する人のことを指し，第 5 五分位は上位 20%の人を指す．この図では，1960–69 年には下位 20%の人は所得を伸ばしたが，1980–89 年には所得が減少したことを示している．

出所：Klassen, S. "Growth and well-being", *Review of Income and Wealth*, vol. 40, 1994, pp. 251–72

図 2–4　レーガン時代の所得階級別にみた所得分配の不平等化

処理策を素早く導入し、ある程度成功を収めました。このことが、その後の景気の回復の起爆剤になったのです。第二に、地方の公共事業の削減を行ったことです。これまでの日本社会では、中央から地方にお金を支出して、橋や道路や港湾などの建設を公共事業として行わせました。このことが地方経済を守ることに寄与したことは否定しませんが、公共事業には、高速道路や橋などをはじめ無駄なものも多く、地域の自然環境を破壊することにもつながっていました。それを「中央から地方へ」という掛け声のもと削減したことは、評価すべき点でしょう。

このように構造改革には評価すべき点がありつつも、しかし、様々な問題を含んでいます。特に格差の拡大に関しては、積極的に是正しようとせず、助長する結果を生み出しています。

第1章で見たように、所得分配の不平等化が進み、貧困者の数が非常に増えています。しかし、日本政府はこれを積極的に是正しようとしていません。所得分配の不平等化に関しては、指導層は「格差の何が悪い」と開き直り、格差拡大をそれほど問題視していません。もっとも、二〇〇六年秋からの新内閣がこの問題にどう対処しようとするのか、興味のもたれる点です。

深刻化している財政赤字について、支出の削減によって是正策を行ってはいます。しかし、その支出の削減の中身が問題です。なぜなら社会保障給付費を大幅にカットすることで公共支出を削減し、財政赤字を削減しようとしているからです。日本の社会保障給付費は、もともと世界の先進国の中で最低水準です(第5章7参照)。にもかかわらず、さらに社会保障給付費をカットすれば、格差の拡大はもちろん、深刻な貧困層をさらに増やすこととなります。

また、次章で論じますが、地域間の格差も現在、深刻な状況です。これに対しても、積極的な是正策を採っていません。先述したように、無駄な公共事業の削減は、評価できます。しかし、公共事業には、地域雇用の援助、促進という側面があることも忘れてはいけません。したがって、公共事業の削減は、地方の職を減らし、低所得者を増やすことにもつながり、地域間格差を引き起こします。無駄な公共事業の削減と同時に、公共事業に代わる地域支援策が必要です。「中央から地方へ」という掛け声が、どこか中央の責任逃れの感さえしてきます。

市場原理主義と新自由主義

このように格差を容認し、助長している構造改革の底流には、どのような思想や原理が働いているのでしょうか。構造改革は、哲学としては市場原理主義を基盤にしています。この点においては、先に触れたレーガン、サッチャーの経済改革も同様です。すなわち、極端に言えば、市場にすべてを任せれば経済はうまくいくという論理です。新自由主義という言い方をしてもよいでしょう。英語ではリバタリアン(自由至上主義)と呼ばれ、自由がすべてに優先するという考え方です。徹底的な規制緩和も、これに通じる考え方です。

この市場原理主義や新自由主義に対立する概念としては、公共政策の役割を重視する考え方があります。代表的には、ケインズ経済学です。ケインズは混合経済という概念を唱えました。すなわち公＝政府と、民＝私企業が一体となって経済を運営していくという考え方です。

しかし、最近の経済学においてケインズ経済学は退潮しています。むしろ市場原理主義や新自由主義の考え方を採用する新古典派経済学が、ケインズ経済学を凌駕するほどの勢いで広まっています。経済学者で言えばフリードマンやハイエクなどの考え方が勢いを増しています。

市場原理主義や新自由主義に対立する概念には他にも、平等志向、共生あるいは共助を重視する考え方もあります。英語ではリベラリズムと呼ばれています。二〇世紀の代表的な哲学者の一人に、ロールズがいます。彼は、社会にとって自由は基本的に大切なことだが、「最も不幸な立場にいる人の厚生を上げることを政策の基本とすべし」とも提唱しています。これは「ロールズの格差原理」と呼ばれています。

リベラリズムとリバタリアンという対立する二つの考え方のうち、はたして、日本は今後どちらの考え方を採用するのか。日本の将来を決める上で、とても重要な選択となるでしょう。

経済効率重視が社会全体を豊かにするという幻想

レーガンやサッチャーの経済改革と同様に、構造改革は、経済効率を高めることに主眼を置いています。すなわち、経済効率を高めるために競争原理を積極的に導入し、その結果として、所得分配の不平等化が進んでもかまわない、結果の平等を重視しないという立場をとっています。また経済効率が高まるということは、パイが増えることだと主張します。すなわち、経済効率が高まれば、社会全体も豊かになり、その結果、下層の人にもベネフィットが波及するという考え方です。そして、競争を促進するためにも、結果の平等ではなく、機会の平等こそを重視すべきで、競争に敗れた敗者には、セーフティネットをもうければよいと主張します。

ここで、興味深いエピソードを紹介しましょう。私が前著『日本の経済格差』を出版した際に、様々な論争が起きたということは、先述しました。一九九九年一一月七日付の『読売新聞』では「論陣論客」と題して、私へのインタビューと、閣僚として構造改革の推進役を務めた竹中平蔵氏（当時は慶應義塾大学教授）へのインタビューが並んで掲載されました。この時の竹中氏の発言を、それから六年経った現在、改めて読んでみると、おもしろいことに気付きます。

竹中氏は、当時、格差が広がりつつある日本社会の状況を「極端な平等社会から「普通の社会」に変わりつつある」と評価しています。そして、「重要なポイントは、速く走れる人に能力通り走ってもらうことにより、社会全体の利益が高まるということだ」と述べています。さらに「「機会の平等」を重視すべき」であり、結果の不平等に対しては「敗者復活のルールも必要だ。言葉を換えればセーフティネットだ」と指摘しています。この竹中氏の発言は、いま述べた構造改革の発想を非常に端的に語っているのです。

私も近代経済学者の一人なので、競争によって経済効率を高めることは、大切なことだと思っています。しかし、経済効率を上げて、パイを増やすことが常に社会全体の利益を高めるとは限りません。現在のアメリカや日本では、増えた分のパイは下層の人には、さほど与えられず、上層の人ばかりが持っていってしまうだろうと予想します。すなわち、豊かな人がますます富を得て、そうでない人に富はまわってこないという状況です。このことをうまく説明するのが、「Winner-Take-All モデル」すなわち「独り勝ちの論理」という考え方です。競争を行って経済効率を高めても、勝者がその成果を全部持っていってしまうという論理です。

もっとも、たとえ勝者(すなわち高所得者)が多くを稼得しても、それを敗者(すなわち低所得者)に税などで再分配する政策に国民の合意があれば、「Winner-Take-All モデル」も、まったく否定すべきではないでしょう。すなわち、経済効率を上げる政策として容認できます。この場合には、国民の間でこのような合意が成立しているのか否か、具体的に言えば、どの程度の税や社会保障による再分配効果を期待するかといった国民の意向に左右されることになります。

しかし、翻って現在の日本に目を向けた場合はどうでしょうか。本章3で述べたように税の累進度は低下し続け、高額所得者、高額資産保有者が優遇されています。しかも、社会保障は負担のアップと給付の削減策の連続です。したがって、経済効率を上げることによって社会全体が豊かになるというのは、今日の日本社会においては、幻想に近いとさえ言えます。

また、セーフティネットについて言えば、後に詳しく論じますが、日本のセーフティネットは世界的にも最低の水準にあるのです。それを、さらに削減しようというのが、現在の構造改革です。したがって、構造改革を提唱する人たちが主張する敗者復活のためのセーフティネットの充実とは、まったく逆の状況が進行していることを、ここで指摘しておく必要があります。

第3章　格差が進行する中で

――いま何が起きているのか

ここまで、日本社会において格差が広がっていることをデータから検証し、その原因がどこにあるのかを論じてきました。では、格差が広がることで、具体的にどのような変化が日本社会に起きているのでしょうか。本章では、格差拡大の具体的な実態について、検証したいと思います。

1　新しい貧困層の様相

年齢別で見る貧困者

格差が広がるということは富裕層と貧困層の格差が広がることと言い換えられると、第1章で述べました。したがって、富裕層と貧困層のそれぞれにおいて、現在どういう変化が起きているのかを知ることは、とても重要です。そこで、まず貧困層において、どういう変化が起きているかを考えます。

第1章で、日本の貧困者の数が、ここ十数年で非常に増えていることを指摘しました。では、現代の日本社会において、誰が貧困者となっているのかについて、いくつかの視点から考えてみたいと思います。

第一に、年齢別に見た貧困率を用いて考えてみます。第1章で紹介したＯＥＣＤ調査には、年齢別の比較があります(表3-1)。ここで扱われている貧困率とは、同一年代の人のうち、何％の人が貧困にあるかを示した指標です。

これによると、七六歳以上の貧困率が二三・八％と非常に高くなっています。次に高いのが六六〜七五歳の一九・五％です。したがって、日本の場合には高齢者の貧困率が高いことがわかります。高齢者の次に貧困率が高いのは若者です。一八〜二五歳の貧困率は一六・六％となっており、高齢者ほど高くはありませんが、かなり高い貧困率であると判断できます。ちなみに最も貧困率が低いのは、中年層です。四一〜五〇歳の貧困率は一一・七％となっており、年齢別で見た限りでは、中年の場合は深刻な貧困率ではないと言えます。しかし一九七〇年代、八〇年代の平均的な貧困率が六〜七％であったことを考えれば、その数値が決して低いとは言えません。

表3-1　日本における年齢別にみた貧困率(％)

年　齢	貧困率	シェア
18〜25歳	16.6	8.9
26〜40歳	12.4	14.9
41〜50歳	11.7	10.3
51〜65歳	14.4	19.4
66〜75歳	19.5	16.4
76歳以上	23.8	12.7

出所：OECD(2004)，前出に同じ

世帯類型別に見る貧困者

第二に、世帯類型に注目して、貧困者を分析してみます。家

表 3-2　世帯類型別，世帯主の年齢階層別，貧困率の推移
［貧困線＝等価可処分所得の中央値の 50%］

	1995 年	2001 年
	貧困率	貧困率
全世帯	15.2%	17.0%
—世帯類型—		
核家族（子ども 3 人以上世帯）	12.9	8.9
核家族（子ども 2 人世帯）	6.7	7.3
核家族（子ども 1 人世帯）	10.4	8.5
核家族（子ども 0 人世帯）	10.0	10.8
単身世帯（高齢者世帯除く）	20.0	26.9
高齢者 2 人以上世帯	21.7	20.5
高齢者単身世帯	47.9	43.0
母子世帯	55.3	53.0
三世代世帯	8.5	8.4
その他の世帯	16.9	20.1
—世帯主の年齢階層—		
29歳以下	20.7	25.9
30歳-39歳	9.3	11.3
40歳-49歳	11.3	11.9
50歳-54歳	9.5	11.5
55歳-59歳	10.0	12.6
60歳-64歳	15.5	16.0
65歳-69歳	17.0	19.4
70歳以上	31.6	25.3

出所：「所得再分配調査」1996，2002 年より計算
1995 年の貧困線（Poverty line）＝ 142.0
2001 年の貧困線（Poverty line）＝ 131.1
注：(1)　高齢者世帯は，男 65 歳以上，女 60 歳以上の者のみで構成するか，または，これに 18 歳未満の者が加わった世帯を指す．
(2)　三世代世帯は，世帯主を中心とした直系三世代以上の世帯を指す．核家族世帯，単身世帯は高齢者世帯が除かれている．
(3)　この表の数字は橘木俊詔・浦川邦夫著『日本の貧困研究』東京大学出版会，2006 年から抽出した．

計には、核家族、三世代同居、母子家庭、高齢単身者などいろいろな類型（世帯類型）があります。「所得再分配調査」（第1章1参照）を用いて、世帯類型から貧困率を計測してみました（表3-2）。ここでの貧困の定義は、等価可処分所得（世帯人数を考慮した一人あたり所得水準。可処分所得とは税などを引いた実質的所得）の中央値の五〇％以下という相対概念によるものです。これに

よると、全世帯で見た場合、貧困率は一九九五年が一五・二％、二〇〇一年が一七・〇％となっており、六年の間に全世帯で二ポイント弱貧困率が上昇したことが読み取れます。

では、世帯類型別に見た場合には、一番貧困率が高いのはどの世帯なのでしょうか。最も高いのは母子世帯です。母子世帯の貧困率は九五年には五五・三％、二〇〇一年には五三・〇％となっています。すなわち世帯類型別では、驚くべきことに母子家庭の半数前後の家計は、貧困に苦しんでいるという現状なのです。母子家庭になると家計が非常に厳しくなるということを、この数値は物語っています。現在、日本では離婚が増加しており、母子家庭になるケースも増えてきていますが、母親が働きながら、一人で子どもを育てるということが、日本社会では容易ではないという現実が浮かび上がってきます。

母子家庭の次に貧困率が高いのが高齢単身者です。ＯＥＣＤ調査でも、年齢別に見た場合に高齢者の貧困率が高いという結果が出ていました。この世帯類型別のデータでは、高齢者の中でも単身世帯の貧困率が高いことを示しています。高齢単身者の貧困率は一九九五年で四七・九％、二〇〇一年で四三・〇％となっており、高齢単身者の場合も半数近くの人が貧困の状況にいることが、表から読み取れます。

では、一方で、高齢者二人以上の世帯、すなわち老夫婦で暮らしているなどの場合はどうでしょうか。高齢者二人以上世帯の貧困率は九五年で二一・七％、二〇〇一年で二〇・五％となっており、高齢単身者の貧困率に比べて半分以下の数値です。したがって、高齢者に関していえば、夫妻二人ともが健在である場合は、貧困になる確率はそれほど高くないということが、この数値から読み取れます。逆に言えば、子ども世帯と離れて生活している老夫婦が、夫あるいは妻に先立たれて一人になった場合に、貧困に陥る危険性が高いと言えるでしょう。

高齢者に関して言えば、単身者、二人以上世帯の他に三世代世帯というものがあります。すなわち、老夫婦、成人した子ども、およびその孫が住んでいる場合です。三世代世帯の貧困率は、九五年が八・五%、二〇〇一年が八・四%と低い数値を示しています。

今日、日本の社会では、老夫婦と子ども世帯の同居率は減っているので、この三世代世帯は、あまり大きなシェアではなくなっています。むしろ老夫婦二人で住んでいる場合や、単身で住んでいる高齢者の数が増えています。したがって、高齢者がどのような世帯類型の下で生活しているかが重要なのです。特に、高齢単身者の貧困層というのは、非常に深刻な問題であると私は考えます。

ついでながら核家族の人たちについても見ておきましょう。この表における核家族では高齢者世帯を除いているので、主に中年の核家族が中心です。子どものいない核家族では一九九五年で一〇・〇%、二〇〇一年で一〇・八%となっています。国全体の貧困率よりも、五〜七ポイントほど低い数値です。同様に子どもがいる場合でも核家族の人たちの貧困率は、それほど高くないと言えます。今日の日本社会においては、夫と妻が二人とも働いているケースも少なくありません。そういう場合には、たとえどちらかが失業者になっても、一方の所得があるので、貧困にまではならないという可能性もあります。あるいは、妻が働いていなくても、夫の所得が相当高いという場合もあるでしょう。そうしたことなどもあり、核家族の貧困率が相対的に低くなっているのだと考えられます。

若者の貧困率は深刻

先ほど、ＯＥＣＤ調査から年齢別の貧困率を分析しました。私たちの分析による世帯類型別調査（表3-2）では、世帯主の年齢階層別に貧困率も推計してあります。これによると、二九歳以下の若者の貧困率が九五年で二〇・七％、二〇〇一年で二五・九％となっています。七〇歳以上の三一・六％（九五年）、二五・三％（二〇〇一年）に続く高い貧困率となっています。若者の貧困が非常に深刻だということが、この表からも読み取れます。九五年から二〇〇一年にいたる推移を見ても、五・二ポイントも増加していますので、若者の貧困率がここ数年間で相当増えたということも、この数値から読み取れます。

母子家庭が貧困となる要因

以上のように、日本の貧困を世帯類型別、世帯主の年齢階層別に見ると、貧困率が高い世帯というのは、母子家庭、高齢単身者、若年層であることがわかりました。では、それぞれについて、なぜ貧困率が高くなっているのかを、具体的に説明したいと思います。

母子家庭の貧困率が高いのは、次のような要因が考えられます。まず、母親が働きたいと思ってもなかなか働く場所がないということです。子育てとの両立を一人でこなさなければならないので、フルタイムで働くことができない場合も少なくありません。また、母子家庭になる前、その母親が労働に従事していない、すなわち専業主婦だった場合、未熟練労働者と位置づけられてしまいます。したがって、職探しに行っても、なかなか職に就くことはできません。たとえ職があったとしても、低賃金の労働にしか就けない場合が多いのです。

先述したように日本の離婚率が高まっています。その結果、母子家庭の数が増えつつあります。したがって、母子家庭が貧困になる確率が高いということは、現在のように離婚率がますます高まっていけば、母子家庭の貧困者の数はますます増える危険性があるということです。

高齢単身者が貧困となる要因

次に高齢者の貧困について考えます。先述したように高齢単身者というのは、老夫婦のうち、夫あるいは妻に先立たれて一人で暮らしている場合などです。通常、女性の方が寿命が長く、しかも夫婦は妻の年齢が夫の年齢よりも少し若い場合が多いので、女性の高齢単身者の方が多いと考えられます。

では、なぜこういう人たちが、貧困となってしまうのでしょうか。高齢単身者女性の多くは遺族年金で所得を得ている可能性が高いのです。遺族年金とは、亡くなった夫が持っている年金の権利を妻が引き継いで、年金を受け取る制度のことです。遺族年金の場合、夫が受領していた額の全額は給付されずに、夫の年金の何パーセントといった具合に削減されるので、所得が低くなる可能性は当然あります。しかも、もし夫の年金額がそもそも低いのであれば、遺族年金の額も相当に低くなり、貧困に陥る危険性が出てきます。

また七〇歳以上の高齢者の場合は、無年金の人が多いということも指摘しておく必要があります。というのも、現在の高齢者が若い時、あるいは中年の時には、まだ国民皆年金制度というのが行き渡っていませんでした。特に自営業者だった人たちは、会社員などと違い、自分の意思で年金に入るような制度だったので、そうした人たちの中には年金制度に加入していないか、加入年数が短いので、無年金者が多いという可能性があります。

以上のような要因のほかにも、家族の変化ということも考えられます。すなわち、かつては高齢者を、成人した子どもが同居して生活を支えていました。また、同居していなくても、子

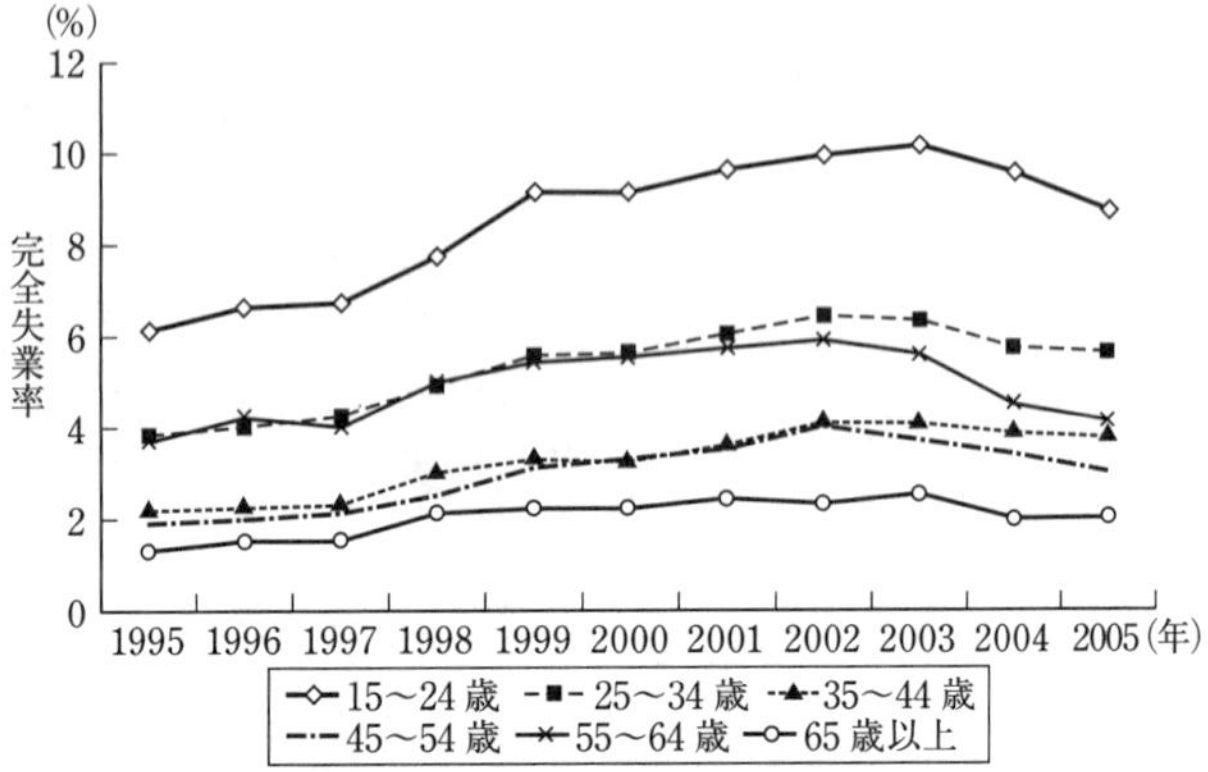

出所：厚生労働省「労働力調査」

図 3-1　年齢別完全失業率の推移

どもが高齢の親に送金するといった慣例もありました。しかし、核家族が増え、親に送金する子どもも少なくなってきました。すなわち、家族間の経済支援が弱まってきているのです。

若年者が貧困となる要因

若年層の貧困率が高くなっている最大の理由は、日本の不景気だと私は考えます。長期不況の影響を受け、若年の失業率が高くなっています。現在でも九％前後の高い失業率が続いています(図3-1)。若年の失業率が高いということは、所得のない若者が多く存在していると考えられます。通常、失業者は、失業した時に失業保険の給付を受けます。しかし、若者は勤続年数が短いので、失業した際に受け取る失業保険の額がかなり低くなってしまいます。あるいは、高校や大学を卒業し

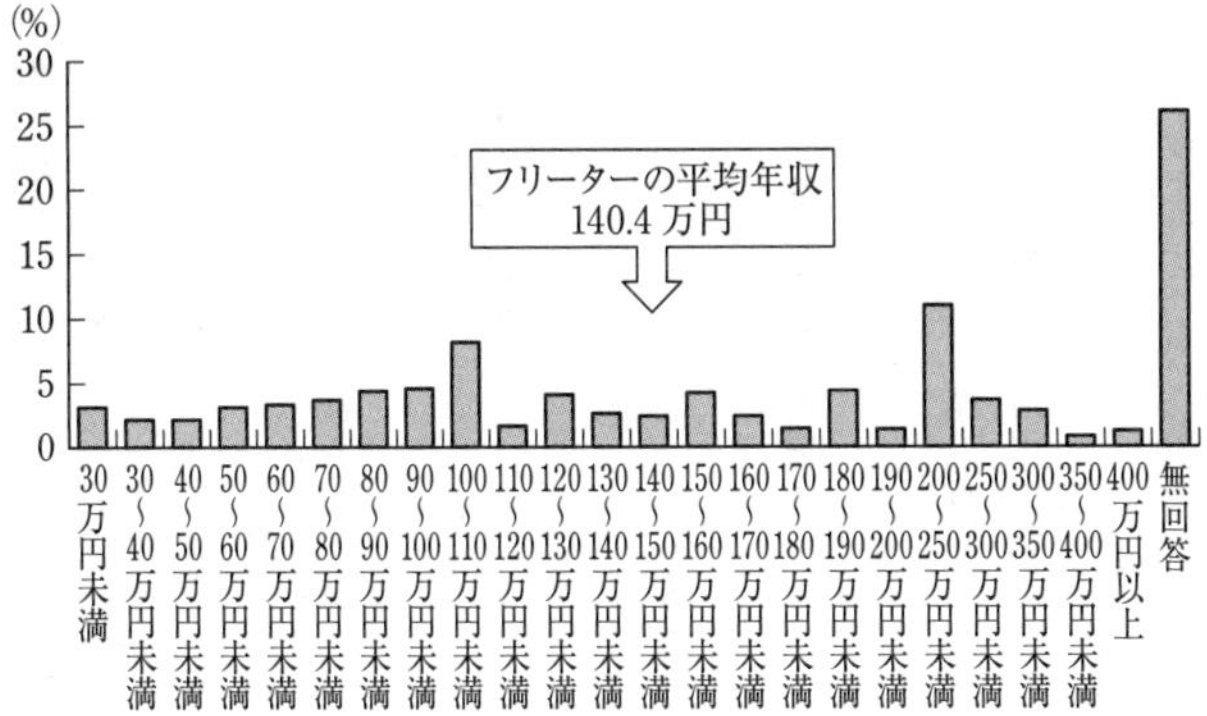

注：調査対象母集団は，首都 50km 圏内（東京都，神奈川県，千葉県，埼玉県，茨城県）で嘱託，契約社員，派遣，パート・アルバイトとして就業している 18〜34 歳の男女（学生を除く）．
出所：リクルート ワークス研究所「非典型労働者調査 2001」

図 3-2 「フリーター」の年収分布状況

て、就職できなかった場合のような失業者は、失業保険にすら入っていません。したがって、失業給付はゼロとなってしまいます。このように、職がなく、しかも失業保険給付額が低い、あるいはまったく給付されない若者という存在が考えられます。

また、若者の中にはフリーターに代表されるように、非正規労働者として働いている人の数が少なくないという現実があります。フリーターの平均年収は、どれぐらいなのでしょうか。図3-2によると、年収一〇〇〜一一〇万円未満の若者と、年収が二〇〇〜二五〇万円未満の若者が最も多くなっています。フリーターの中でも、非常に低所得の若者と、ある程度の所得を得ている若者に二極化していると言えるかもしれません。フリーター全体の平均年収はおよそ一四〇万円となります。

この平均年収一四〇万円を一二カ月で割ると、およそ一二万円弱となります。一二万円弱の所得で、独立して一人で生活していけるでしょうか。かなり無理があるのではないかと、私は判断します。したがって、若者の間でフリーターが増えているということは、一人で生活していくのさえ難しい若者の貧困層が増えるということを意味しているのです。ましてや養うべき家族がいる場合には、さらに深刻な事態となることは容易に想像できます。あるいはこの所得では結婚は困難と言えます。なお、フリーターについては、第4章3でも詳しく述べます。

2 低所得労働者が意味するもの

低すぎる日本の最低賃金

第2章2で、日本の雇用において、低所得の非正規労働者が増えていることを説明しました。また、前節では、若年層におけるフリーターという、やはり低所得層の問題を紹介しました。この低所得労働者の問題を考えることは、今日の貧困、ひいては格差問題を考える上で重要です。ここでは、まず、最低賃金制度という側面から、この低所得労働者について考えてみたいと思います。二〇〇四年に刊行した拙著『家計からみる日本経済』(岩波新書)でも、最低賃金に

表 3-3　最低賃金額に関する国際比較
（1997 年のポンド表示）

	購買力平価に基づいて評価された時間あたり最低賃金額	フルタイマーの中位の賃金に対する最低賃金の比率(%)	最低賃金以下の賃金しか受け取ってない人の労働者比率(%)
ベルギー	4.56	50	4
カナダ	3.80	40	5
フランス	3.97	57	12
日本	2.41	31	10
オランダ	4.27	49	4
ニュージーランド	3.18	46	1
ポルトガル	1.65	—	5
スペイン	2.10	32	2
アメリカ	3.67	38	5

出所：Metcalf, "The Low Pay Commission and The National Minimum Wage," *The Economic Journal*, vol. 109, 1999, pp. F46–F66

ついては述べましたが、今日の格差を考える上で重要な点ですので、本書でも触れておきたいと思います。

最低賃金（最賃）とは法律によって、これ以下の賃金を支払ってはいけないと決めたものです。ほとんどの先進国で最低賃金法は存在しています。賃金が非常に低いと、生活に困窮しかねませんので、ある一定額以上の賃金を払って労働者の最低生活を保障する必要があるのです。

しかし、日本においては、この最賃に大きな問題が見られます。表3－3は、OECD諸国のいくつかの国における最賃の実態を比較したものです。これを見ると、日本の最賃は、九カ国の中で、下から三番目です。平均賃金に対する最賃の比率に関しては、何と最

表 3-4　最低賃金額と生活保護支給額の比較
（2002 年度　月単位の円額表示）

	最低賃金	生活保護	差
東京（23 区）	123,520	163,970	−40,450
神戸	117,760	163,970	−46,210
仙台	107,644	156,590	−48,946
那覇	105,376	149,200	−43,824

注：(1)　最低賃金は平均月間総労働時間を勤労したものと仮定．生活保護は標準世帯（33 歳男，29 歳女，4 歳子）に基づいている．
(2)　最低賃金は個人に関すること，生活保護支給は家計に関することなので，比較ができないという考え方もありうる．しかし，最低賃金あたりにいる労働者であっても家族がいるケースが多いので，比較可能性がまったくないとは言えない．もとより，夫婦ともに働けば所得は増加するので，生活費の上昇は可能である．最低賃金制度と生活保護制度の比較はこのように様々なケースがあり，比較には注意が必要であることは確かである．しかし，本文でも述べたように，最低賃金が低すぎるという事実はほぼ確実である．
出所：厚生労働省の統計から著者が計算

下位であり、さらに最賃以下にいる労働者の比率に関しては下から二番目となっています。三つの基準において、他の先進諸国と比較して、日本の最低賃金制度は相当な劣位であることが明白です。

最賃金額では最高のベルギーの約半額、平均賃金との相対比較では最高レベルのフランスの五四％、最賃以下の労働者の比率は一〇％も存在しています。最賃金額の設定自体が相当に低く抑えられており、むしろ低すぎると言えます。しかも、低すぎるにもかかわらず、最賃以下の賃金しか受けていない人が約一割も存在するのです。このことは、国民の最低限の生活を保障するはずの最賃法が、機能していないこと、すなわち最低限のレベルが保障されない生活を強いられている人が存在することを示しています。

さらに、日本の最賃について問題を示すデータがあります。表3-4は、生活保護制度の支給額と、最低賃金法から計算される月額の賃金額を比較したものです。これによると、最賃額の方が、生活保護制度による支給額よりも低くなっているのです。

生活保護制度による支給額は、人が最低限度生きていけるだけの生活保障を念頭においています。したがって、それより低いということは、最賃が生きていけるだけの生活費さえも支給していないと解釈できます。しかも、生活保護を受けている人は労働をしていない人が圧倒的に多いのです。一方、最賃を受け取る人は労働をしているのです。労働をしているのにもかかわらず、労働をしていない人よりも少ない収入しか得られないというのは、理解しがたいことです。早急に改善策を採るべきです。

低所得労働者とは誰か

では、最賃レベルの賃金、あるいは最賃以下の賃金しか受けていない低所得労働者とは、どのような人たちでしょうか。正規労働者よりは、非正規労働者と考えられるでしょう。第2章でも述べたように、正規労働者と非正規労働者の所得には格差があり、非正規労働者は低い賃金に抑えられているからです。特に女性と若者が深刻な状況にあると、私は判断します。

そのことを証明するために、まず非正規労働者のうち、女性の比率が高いパートタイマーに

表3-5　各産業における最低賃金以下の一般労働者・パート労働者の割合(2001年)

	最低賃金(円)	労働者数(人)	最低賃金以下数(人)	最低賃金以下割合(%)
一般労働者(10人以上)				
産業計	664	20,884,200	265,356	1.271
製造業(758)	758	6,550,370	244,032	3.725
製造業(664)	664	6,550,370	94,357	1.440
卸売・小売業,飲食店	664	3,583,060	28,563	0.797
サービス業	664	5,777,000	58,294	1.009
パート労働者(10人以上)				
産業計	664	4,333,560	267,867	6.181
製造業(758)	758	804,510	266,594	33.137
製造業(664)	664	804,510	89,127	11.078
卸売・小売業,飲食店	664	2,153,120	144,786	6.724
サービス業	664	1,116,650	46,424	4.157

出所：厚生労働省「賃金構造基本調査」に基づいて著者が計算

ついて検証します。表3-5は、二〇〇一年に関して、産業別に、最賃以下の労働者の数とその比率を、一般労働者とパートタイマー別に計算した結果を示したものです。一般労働者に注目すると、最賃以下の労働者は産業計で一・二七一％であり、非常に低い数値となっています。一方、パートタイマーの方は、産業計で六・一八一％となっており、一般労働者の約五倍の高さです。最賃以下の賃金しか受けていないパートタイム労働者は相当の数に上っていることが理解できます。特に製造業では、最賃を六六四円とした場合には一一・一％、七五八円にした場合には三三・一％という、非常に高い水準となっています。先述したようにパー

表3-6　若者の賃金分布(10人　2001年)(カッコ内は%)

		年齢階級		
		～17歳	18～19歳	20～24歳
規模計(男女)		617	23,128	196,922
賃金水準	～ 99.9	44 (7.1)	107 (0.5)	591 (0.3)
(千円)	～119.9	137(22.5)	611 (2.6)	2,482 (1.2)
規模計(中卒男子)		504	957	3,437
賃金水準	～ 99.9	35 (6.9)	24 (2.5)	11 (0.3)
(千円)	～119.9	104(20.5)	49 (5.1)	64 (1.9)
規模計(中卒女子)		113	265	698
賃金水準	～ 99.9	8 (7.1)	5 (1.9)	21 (3.0)
(千円)	～119.9	32(28.3)	58(21.9)	110(15.8)
規模計(高卒男子)		—	12,299	53,325
賃金水準	～ 99.9	—	18 (0.1)	154 (0.3)
(千円)	～119.9	—	269 (2.2)	560 (1.1)
規模計(高卒女子)		—	9,607	35,835
賃金水準	～ 99.9	—	60 (0.6)	259 (0.7)
(千円)	～119.9	—	235 (2.4)	1,210 (3.3)
規模10～99人(男女)		489	8,835	66,476
賃金水準	～ 99.9	32 (6.6)	62 (0.7)	341 (0.5)
(千円)	～119.9	96(19.6)	320 (3.5)	1,280 (1.9)

出所：厚生労働省「賃金構造基本調査」に基づいて著者が計算

トタイマーの大半は女性です。したがって、女性パートタイマーの一〇%を超える比率の人が、最賃以下にいると結論できるのです。

次に若者について検証してみます。表3-6は若者(～一七歳、一八～一九歳、二〇～二四歳)の賃金分布を示したものです。賃金は次の二つの範囲を考慮しています。すなわち、月額九万九九〇〇円までの賃金を受けている者と、一一万九九〇〇円まで受けている者です。前者は確実に最賃以下の者と見なせますが、後者は前者に加えて一一万九九〇〇円までの賃金の人の合計なので、最賃以下の者と最賃以上の者が混在していると見なせます。

この表でわかることは、次のようなこ

とです。第一に、非常に年齢の若い労働者に最賃以下の賃金しか受けていない者が多いということです。一七歳までの者に関しては、規模計で確実に七・一%の人が最賃以下であり、最大で見れば二二・五%に達します。一八~一九歳に関しては〇・五~二・六%の間であり、二〇~二四歳に関しては〇・三~一・二%の間です。第二に、学歴別、男女別に見ると、中卒の女子にあっては、一八~二四歳であっても、最賃以下の比率がやや高いことが目立っています。

このように見てくると、かなりの数の若者(二四歳以下)が最賃以下の賃金しか受けていないことが理解できます。

なぜ低所得労働者が女性と若者に多いのか

では、なぜ、最賃以下の賃金、あるいは最賃程度の賃金しか受けていない労働者に、女性と若者が多いのでしょうか。これに対する回答として、一般的な考え方では、次のような原因が考えられます。第一に、女性の平均賃金が男性の平均賃金よりかなり低いという現状が指摘できます。第二に、繰り返し述べていますが、女性や若者に多いパートタイマーの平均賃金はフルタイマーの平均賃金よりもかなり低く、その格差は現在も拡大の傾向にあることです。第三に、先述したように、日本においてはかつて、年功序列賃金が一般的だったこともあり、若者の賃金が低く抑えられる傾向にあったことも指摘できるでしょう。

さらに重要な点は、女性や若者などの低い賃金を上げるような政策を採ってこなかったことです。そこには、女性や若者の賃金が低くても、生活ができないことがないので、それほど深刻ではないという社会的な認識も手伝っていたと思います。

具体的に説明しましょう。女性の場合であれば、パートタイマーのほとんどは、かつては既婚者と想定されていました。したがって、家計の主たる部分は夫の所得に頼っており、それさえ安定していれば、パートタイム労働の賃金は低くてもよいという考え方が成り立ちます。また若者の場合も、親の経済支援が期待でき、生活苦になることはないと見なされていました。

しかし、現在では、女性と若者に関しては、このような想定は、あまり妥当だとは言えません。前節でも説明したように、現在、日本においては離婚率、あるいは未婚率が上昇しています。しかも、母子家庭になった場合には、貧困に陥る可能性が高いのです。最賃以下、あるいは最賃レベルの賃金に抑えられていては、女性パートタイム労働だけの所得では生活が困難です。また、子どもがいれば、その生活はさらに困難をきわめるでしょう。

若者についても、いつまでも親の支援に頼っていては、自立することを学ぶ機会が奪われることになります。自立して生活できるだけの、最低限の賃金は必要です。

失業するよりは非正規労働者がマシ？

低所得労働者について、もう一つ、論点を紹介しておきましょう。低所得の非正規労働者が増えたことに対して、次のような主張があります。長期不況のなかで、多くの労働者を雇用することが難しい企業は、正規労働者を減らし、その一方で非正規労働者を増やしてきました。第2章2で述べたように、実際に非正規労働者の数は増大しています。であるならば、リストラに遭って、本来、失業者となっている人も、非正規労働者として働く機会はむしろ広がっているのではないか。失業者になるよりは、むしろマシではないかという主張です。

しかし、はたしてそうでしょうか。最賃のところでも述べましたが、憲法を持ち出すまでもなく、すべての国民は健康で文化的な最低限の生活ができる権利があります。本人が働きたい意思をもって、働く場所がある限りにおいては、それによって生活していけるだけの所得を得るのは、人間の生活として当然のことではないでしょうか。したがって、失業するよりはマシなので、低所得の非正規労働で我慢すべきという主張は、妥当なものではないと私は判断します。特に日本のような先進国では、そのような考えはなおさら否定されるべきでしょう。

3　富裕層の変容

現代の富裕層は誰か

本章の1および2では、貧困層の状況、すなわち格差社会における下の層について論じました。この節では、上の層、すなわち富裕層の状況について考えたいと思います。富裕層というのは、具体的には高額所得者、あるいは高資産保有者などです。私は二〇〇五年に森剛志氏と共著で『日本のお金持ち研究』(日本経済新聞社)を出版し、今日の日本社会における富裕層の状況を詳しく調査しました。本節でも、この調査結果を利用しながら論じたいと思います。

まず、本節で述べる富裕層を定義しておく必要があります。現在は公表されなくなりましたが、「高額納税者名簿」を国税庁がこれまで公表してきました。そのデータにおいて、年三〇〇〇万円以上の所得税を支払っている人が高額納税者となっています。納税額がわかれば、税法に即して逆算し、その人の年額所得がおおよそいくらか推測できます。年三〇〇〇万円以上の納税額を逆算すると、大体年額所得一億円となります。したがって、おおよそ一億円程度あるいはそれ以上の高額所得を得ている人を、本節では富裕層と定義します。

表3-7を見ればわかるように今日の日本社会における高額納税者すなわち富裕層には、二つの職種が該当します。一つは企業経営者です。企業のトップ、社長や会長などです。ちなみに企業の経営者には、社長や会長ではない、副社長以下のいわゆる取締役、重役という人たちも存在します。この経営者の二つの種類について比率を見ると、高額納税者の三一・七％が社

表 3-7　高額納税者に関する職業別分布(2001 年)(%)

	企業家	経営幹部	医師	弁護士	芸能人	スポーツ選手	その他	全　体
東京以外	33.3	13.9	23.4	0.3	0.3	1.1	27.7	100.0
東京	28.9	7.6	1.4	0.6	3.1	0.5	57.9	100.0
全体	31.7	11.6	15.4	0.4	1.3	0.9	38.7	100.0

出所：国税庁「全国高額納税者名簿」より作成

長や会長などのトップであり、一一・六%が副社長以下の取締役となっています。合計四三・三%が経営者なのです。

もう一つの職種は医者です。医者が高額納税者の一五・四%を占めていることになります。これらの数値を合わせると、日本社会において高額納税者の六割前後が経営者と医者になっています。すなわち、経営者および医者は富裕者の二大職種と見なすことができます。

ちなみに、経営者と医者以外で高額を得ている職種には、芸能人、プロスポーツ選手が合わせて二・二%、弁護士が〇・四%、その他が三八・七%となっています。この「その他」に含まれるのは、たとえば引退した人です。引退してもなお、株などの資産所得が多い人などが考えられます。あるいは、土地保有者も「その他」に含まれます。地代や家賃収入により、高額所得者となる可能性があります。

〝儲かる〟産業の変遷

今日、格差が広がる中で、富裕層において、様々な変化が起きていると私は考えます。そして、そのことが一方で、格差をさらに助長することになっているのではないかと考えています。したがって、ここでは、富裕層がどのように変化してきているのかを、詳しく検証したいと思います。いま指摘した二つの富裕層のうち、はじめに経営者において、どういう変化が起きているのかを検証します。

第一に大きな変化として指摘できるのが、富裕層となる経営者が従事する産業の種類の変化です。すなわち、どの産業の経営者が富裕層となっているのか。その歴史をたどってみると、戦後から今日まで大きな変化が起きていることがわかります。

一九六〇年代の高度成長期は、製造業、建設業、商業、金融といった産業の大企業経営者が高額納税者に名を連ねていました。いわば高度成長の担い手だった基幹産業の企業のトップが富裕層となっていたわけです。

高度成長期が終わって、一九八〇年代になると、土木建築、百貨店・スーパー、不動産・賃貸、銀行、鉄道、商社といった大企業の経営者が富裕層に多くなります。高度成長期の基幹産業を引き継いだ産業がある一方、やや新しい産業も出てきています。たとえば百貨店・スーパー、不動産・賃貸など、サービス産業の経営者が、富裕層として現れてきたのです。

二〇〇〇年代になると、ＩＴやプログラム開発といった情報通信、化粧品製造、飲食店チェーン経営、パチンコ店経営、コンサルタント、消費者金融、シンクタンク、人材派遣業といった産業の経営者が富裕層として登場してきます。そこからは、サービス産業化がますます進んだことがうかがえます。

このように富裕層となる経営者が従事している産業は、その時代の変化を象徴的に表していると言えるでしょう。

サラリーマン経営者と創業経営者

第二の大きな変化は、経営者の種類の変化です。経営者には、経営者になる過程によって、二つの種類に分けられます。一つは「サラリーマン経営者」と呼ばれるタイプです。すなわち、会社に就職して、一般サラリーマンとして働き、その会社で昇進を重ねて、最後はトップの経営者になる人たちです。もう一つのタイプは、「創業経営者」です。自分で企業を起こして、創業企業の経営者であり続けるタイプです。

同じ企業経営者でも、この二つには大きな違いがあります。サラリーマン経営者の場合、経営者になる前は、一般の労働者でした。一方、創業経営者の場合は、かつて労働者の経験を持っている人もいますが、多くの場合は、初めから経営者としてスタートします。

戦後から今日まで、徐々に後者の創業経営者が、富裕層として増えてきたという変化があります。一九六〇年代の高度成長期においては、ほとんどがサラリーマン経営者でした。それが一九八〇年代に入り、サービス産業経営者が増え、その中には創業経営者も多く存在しました。

そして、二〇〇〇年代に入り、近年、特に注目されているＩＴ企業など、創業経営者が富裕層として、非常に増えてきています。

企業規模の変化

第三の変化として指摘できるのが、企業の規模です。かつては、富裕層に名を連ねる経営者の企業は、大企業がほとんどでした。しかし、現在では様相は大きく変わっています。小さい創業企業として出発し、規模としては大企業ほどにはならない。しかし、成功すれば、大企業での経営者以上の相当な収入を得るような企業経営者が増えてきています。

象徴的な事例を紹介しましょう。二〇〇五年の高額納税者のトップは、小規模な資産運用会社に勤めるフィナンシャルマネージャーでした。経営者ではなく、社員がトップになったということで、マスコミでも注目されました。この会社は、少人数で運営する小さな会社です。彼は資産運用を抜群にうまくやって、その手数料で年間一〇〇億円の収入を得たと推計されます。個人の能力、成果主義がとことん活かされた例と言えます。

高額所得経営者の変容が意味すること

今日、富裕層として、マスコミなどでも注目され、その社会的プレゼンスも高まってきているのが、ライブドアや楽天などに代表されるＩＴ産業です。あるいは、二〇〇六年六月に代表が逮捕された村上ファンドなどの投資会社です。企業買収、株の売買、資産運用などを繰り返して、高所得を得るのが投資会社の一般的なパターンです。彼らは創業経営者です。しかも、元々は数人の小さな企業から出発しており、産業としては、金融ＩＴあるいは投資といったサービス業です。したがって、彼らの多くは、ある意味で、今日の新しい高額所得経営者の象徴でもあるわけです。彼らとかつてのサラリーマン経営者を比べると、企業社会における富裕層の変容の意味がよく理解できると思います。

サラリーマン経営者には、共通したモデルがあります。すなわち、名門と呼ばれる大学に入学し、卒業後は一流企業に入社。そして、出世の階段を徐々に上がっていき、トップとしての地位を得るというモデルです。その過程では、受験競争、就職競争、昇進競争という激しい競争があり、それに打ち勝って、はじめてその企業のトップに就くわけです。

しかし、そのように苦労して、トップの地位に就いても、サラリーマン経営者の場合は、一般労働者との収入の格差は、それほど大きくはありません。たとえば、アメリカの経営者の場合は、一般労働者と経営者の収入の差が何百倍というのは、珍しいことではありません。

一方、いま挙げたような、今日の高額所得経営者の場合は、どうでしょうか。たとえば、証券取引法違反などの容疑で逮捕された、ライブドアの元社長・堀江貴文氏が語った言葉が象徴的です。大きな会社に入って長い間、昇進競争にもまれて、やっとの思いで五〇歳で経営者になるよりも、無駄な競争をせずに、若い時から起業した方がよいといった趣旨のことを語っています。しかも、彼らは、サラリーマン経営者とは比較にならないほどの莫大な額の収入を得ているわけです。この点においても、彼らの登場が一般労働者と経営者の格差を広げていることも指摘できます。

このような状況の中で、はじめから起業家を目指した方がよいと考える若者が、実際に増えてきています。受験競争、就職競争、昇進競争などといった、過酷な競争を勝ち抜いても、それほど高い収入は得られない。それよりは、そうした競争などをせずに、自分でビジネスを成功させて、莫大な収入を得た方が割に合うと考える人が出てくるのは、ある意味で当然です。

しかし、ここで気をつけなければならないことがあります。確かに今日の創業経営者の場合、ビジネスに成功すれば、短期で大きな実入りが得られます。しかし、その逆に失敗する確率も高いということも知らなければなりません。ライブドアの堀江氏、村上ファンドの村上世彰《よしあき》氏をはじめ、マスコミなどでもてはやされているのは、一握りの成功者なのです。しかも、彼らの場合でも、その後、証券取引法違反容疑などで逮捕される事態にいたっており、高いリスクと隣り合わせにあることを理解しなければなりません。

労働者としての視点か、資本家としての視点か

また、サラリーマン経営者の場合、その企業で一般社員としての経験を長く積んでいます。一方、創業経営者の場合は、他の企業で一般社員として働いた経験があるかもしれませんが、基本的には自分で事業を起こして、いきなり経営者になるわけです。この違いは、彼らがどのような経営者となるかに、少なからず影響を与えていると私は考えます。

すなわち、サラリーマン経営者は、労働者としての経験があるので、ある程度、労働者の気持ちが理解できます。その結果、労働者に過酷なことを要求できない、あるいは、しないという傾向があります。

一方、労働者の経験がない創業経営者は、自分の企業で働く労働者の気分や感情などを、理解できない場合も少なくありません。なぜなら、はじめから資本家、経営者としての視点だからです。とかく自分の企業、ビジネスの成功にばかり重点を置いた経営をしがちです。ライブドアの堀江氏が自社の時価総額が上がることに特に力を注いだり、株価の上昇を狙って、企業の買収や合併を繰り返すといった企業経営を行ったのも、そうしたことを物語っているのではないでしょうか。合併された会社の社員がどうなるかということには、あまり配慮はしないのです。すなわち労働者に対する配慮は、第二義的になる可能性があります。したがって、たとえば、リストラを行うことに躊躇がありません。企業の吸収や合併によって、そこに働いてい

る労働者がどういうことになるかなどは、彼らには関心がありません。

わかりやすい例を述べましょう。たとえば、二〇〇五年、村上ファンドが阪神電鉄の株を買い占めようという行動に出ました。仮に村上ファンドが阪神の株の買い占めに成功し、経営権を取得したとします。しかし、彼らには鉄道事業の経験などありません。もっと言ってしまえば、彼らの関心が本当に鉄道事業自体にあったのかさえ、疑問です。そうした人たちが、鉄道事業の経営に乗り出したら、どういうことになるでしょうか。鉄道という公共的なものの安全性さえ確保できなくなるかもしれません。このように資本の論理だけで経営を行うことは、様々な弊害を生む危険性があるのです。

経営者の変容による人材配置の危惧

以上の他にも、高額所得経営者の変容がもたらす意味を付け加えておきましょう。それは、日本における人材配置の問題です。先述したように、大企業に勤めて過酷な競争に身を置くよりも、はじめから自分で起業した方がよいと考える若者が増える傾向にあります。そうすると、優秀な人が企業、特に大企業に集まりにくくなるということが懸念されます。

これまで日本経済の中核を担っていたのは、主に大企業です。価格の安い、ある程度の品質を保った製品を大量に生産し、国内のみならず海外へも輸出し、日本経済を支え、発展させてきました。大企業は、大量の従業員を雇うので、働き口を与えるという面でも大いに貢献しました。たとえば、トヨタのような企業が代表例でしょう。優秀な技術者、社員が集まり、日本の基幹産業を支え、日本経済の牽引役を果たしてきたのです。

しかし、優秀な若者が企業を敬遠し、自分で起業して莫大な収入を得ることを目指すようになれば、どうでしょうか。企業に優秀な人材が集まりにくくなり、日本経済の中核部分の企業に「翳《かげ》り」が発生する可能性があります。それらの企業の生産性も落ちるかもしれません。

また、今日の高額所得経営者が従事する産業には、パチンコ店経営、消費者金融といったものがあると述べました。こうした産業が、高額所得の産業として現れたことも、近年の特徴と言えるでしょう。しかし、こうした業種が高額所得産業として位置づけられることが、はたして健全な社会と言えるのでしょうか。不景気といいながら、ギャンブルに多額の金を投入する人が増える。あるいは、多額の借金を抱える多重債務者が増える。「儲かる」という魅力に惹かれて、優秀な人材が基幹的な産業を支える大企業ではなく、こうした産業に流れていくとしたら、やはり人材配置の面でも、私は問題を感じずにはいられません。

もちろん若者の大多数が高収入を求めて、起業に走るということではありません。地道に企業で働きたい、という若者も多くいます。これらの若者が働きがいを感じながら、かつ日本経済の中核として活躍する場を提供することができるよう、労使の取り組みが必要でしょう。

医学部進学の過熱化現象

次に、経営者と並んで、今日の高額所得職種である医者について検証します。先述したように医者は、富裕層の一五％のシェアを占めている職種です。他の職業と比して、医者の数はそれほど多いわけではありません（二〇〇四年では約二七万人）。したがって、富裕層の一五％もが医者であるということは、医者になれば金持ちになる確率はかなり高いと言えるでしょう。

ステイタスもあり、しかも収入もよい。そうした魅力も手伝い、現在、医学部進学熱が非常に高まってきていることが、マスコミなどでも取り上げられます。実際に、いくつかの大学では、医学部の入学試験の最低点が他学部の最高点よりも高いという現象が起こっています。また、いわゆる進学校の卒業生が、医学部に殺到するという現象もあります。たとえば神戸のある進学校の卒業生が、東大理Ⅲ（医学部進学課程）の二三・三％、京大医学部では二一・六％の合格者占有率となっています。

すなわち、こうした現象は、学力水準の高い学生が医学部に集中することを物語っています。確かに医者は、頭脳、学力において優秀でなければなりません。医学の知識はいつも最先端のことを知る必要があります。新しい治療法や新薬の開発は人間の生命を助けるので、基礎医学の発展にとっても有意義なことです。

しかし、何のために医学部へ進学するのか、何のために医者になるのかということも本来は問われなければなりません。苦しんでいる人を助けたい、人の命を救いたいなどといった動機は、医者になるために必要な動機であると思います。今日の医学部進学熱には、必ずしもそうした動機によらない場合も出てきています。

たとえば、医学部が他の学部に比べて偏差値が高いので志望したり、あるいは学力が優秀だからという理由だけで、親や教師に勧められたという場合も少なくありません。さらに、先述したように、金持ちになれる確率が高いからということも理由にあります。

医学部人気の裏で

実際にこうした風潮がもたらす弊害も起きています。第一に優秀な人が医者志望にばかり集中することの問題です。当然ですが、医者以外にも優秀な人材を必要とする職業はたくさんあります。技術者、学者、経営者、弁護士など、その他にもいくらでも挙げられるでしょう。にもかかわらず、医学部人気によって、優秀な学力を持った人たちが、そうした分野に集まらなくなれば、日本社会にとってはマイナスとなるでしょう。

しかも、本当は医者に向いていないような人までが、医学部に進む可能性も大いにあるわけです。先述したように、医者に優秀な頭脳、高い学力が必要なことは、疑いがありません。し

表 3-8　診療科別医師の年次推移

	医師数(人)					
	1990年	1994年	1998年	2002年	2004年	1990〜2004年 増加率(%)
医療施設の従事者	203,797	220,853	236,933	249,574	256,668	26
内科	87,012	91,756	96,513	99,196	98,232	13
小児科	34,603	33,506	34,064	32,706	32,151	−7
精神科	9,347	10,594	11,843	13,172	13,609	46
神経科	6,719	6,442	6,916	6,734	6,827	2
神経内科	3,675	4,560	5,121	5,726	6,075	65
外科	33,497	34,426	35,202	34,810	34,055	2
整形外科	19,576	21,661	23,536	24,661	24,595	26
形成外科	1,586	1,859	2,328	2,856	2,961	87
美容外科	264	325	400	610	715	171
脳神経外科	5,269	6,000	6,523	6,978	6,996	33
小児外科	1,077	1,000	1,109	1,197	1,146	6
産婦人科	11,746	11,707	11,478	11,041	10,555	−10
産科	1,174	633	645	717	727	−38
婦人科	2,539	2,161	2,302	2,522	2,633	4
眼科	9,485	10,565	11,751	12,797	12,778	35
皮膚科	13,205	13,525	14,417	14,929	14,866	13
麻酔科	5,949	6,902	8,139	8,819	8,981	51

出所：厚生労働省「医師・歯科医師・薬剤師調査」より作成

かし、それだけでは、良い医者にはなれません。たとえば、外科手術などでは、頭脳と同時に手先の器用さや体力がより重要になってきます。また、学力に偏った秀才が、思いやりをもって患者に接することができるとは限りません。

第二に、診療科目の人材配置の問題です。医者の総数は、年々、増えています(表3−8)。一方で、診療科目によっては、人員が減ってしまっているものがあります。特に顕著なのは、産科、産婦人科、小児科です。これらの科目は、いずれも医師の責任が重く、しかも二四時間体制で過酷な勤務を強いられます。にもかかわらず、他の診療科目と比して、特に収入が高いわけではありません。

一方、顕著に人員が増えている診療科目は、美容外科、形成外科です。その他にも精神科、神経内科、眼科、麻酔科なども増加が目立ちます。先述した『日本のお金持ち研究』において、医者の中でも、どういう診療科目の医者が高額所得者となっているかを調査しました。その結果でも、美容外科や眼科などの医者が高額所得者として、多く名を連ねていることがわかりました。

医師全体の中で、人員が最も多いのは、内科および外科です(二〇〇四年では、内科が医師全体の三八%、外科が一三%)。しかし、この二つは、人員はほとんど横ばい状態です。がん治療や脳手術など、内科や外科が人の生命にかかわる重要な診療科目であることは、理解できるでしょう。

以上のことから言えることは、美容外科など、生命にかかわるリスクが少なく、しかも高額所得が期待できる診療科目に、急速に人が集まっているのです。その一方で、産婦人科や外科、内科など仕事がきつく、大きなリスクの伴う診療科目は、将来、人員不足が生じるかもしれません。実際に、産婦人科医が不足している地域などが、マスコミなどでも取り上げられるようになっています。このような、医者における人材配置の問題が起きつつあります。

第三に勤務医から開業医への志望が増えつつあることです。医者には大きく分けて二つの種類があります。病院に勤務する勤務医と自ら診療所を開業した開業医です。高額所得者として名を連ねるのは、圧倒的に開業医です。厚生労働省の調べ(二〇〇五年)では、勤務医の平均年収が約一三七〇万円、一方、開業医の平均年収は二七四四万円となっており、二倍もの開きがあります。ちなみに、先述した美容外科も、高額所得を得ている人のほとんどは、開業医です。

日本の医療の発展を支えてきたのは、主に大病院の勤務医と言えるでしょう。困難な治療は、医療設備の整った大病院でなければ行うことはできませんし、長時間に及ぶ手術も大病院で行われます。しかし、その一方で、勤務医は組織の中で働き、通常、開業医よりも長時間労働を強いられ、しかも仕事がきついということが指摘できます。

圧倒的な所得格差を背景に、勤務医を敬遠し、開業医を志望する人が増えることは、はたして、日本の医療にとってよいことなのでしょうか。私は、将来的に日本の医療水準を低下させかねない問題をはらんでいると考えます。勤務医として内科、外科、産婦人科、小児科などで働く医者の減少しない体制を整える必要があります。

企業と医療の共通点

このように見てくると、医者の世界における変化および、それがはらんでいる問題点は、先に見た経営者の場合と似ていると言えるかもしれません。組織で地道に働くことよりも、自らがトップとなって、高額の所得を得たい。そのような人たちが増える結果、日本の産業の発展を支えてきた大企業、あるいは日本の医療水準を向上させてきた大病院が人材において空洞化してしまっては、大いに問題であると私は考えます。したがって、収入面や労働面での是正など、優秀な人材を集める何らかの努力が必要だと思います。

現代の富裕者の行動

日本において富裕者の数が増加し、かつこれらの人の所得や資産がますます増えるなかで、新しい動きが富裕者に起きています。具体的には、ますます所得を増やすにはどうすればよいかということにその人たちが熱中していることと、税金として政府から徴収される額をできるだけ減らしたいと努力していることです。これらの現象について説明しておきましょう。

第一に、汗水たらして働かずに、株や債権の資産運用をうまくやって、所得や資産を増やすという風潮が高まっています。良好な資産運用先を求めて、海外の投資先も含めていろいろな資産運用の行動をとっています。「デイトレーダー」というのもその一つの例で、豊富な資金を元手として株や債権の売買を四六時中積極的に行っています。すでに述べた村上ファンドの例も、株の取引をうまくやって巨万の富を得る例として理解できるでしょう。

第二に、アメリカで一時盛んであった「法人成り」が日本でも導入されつつあります。法人税率が下げられたことによって、所得税率が法人税率よりも高くなっています。そこで、会社員のような個人として高い所得税を払うよりも、法人となって自分の会社を作り、自らは社長におさまって、低い法人税率で税金を払う方法を採る人が現れます。この方法が「法人成り」というものです。これは節税対策としてアメリカでよく用いられた方法で、法人数がものすごく増加した理由の一つになっています。日本においても会社・法人の設立が容易になっていますので、多くの人がこの行動に出る余地があり、すでに一部では、そうした傾向が見られます。

第三に、これも節税対策の一つですが、住居を税率の低い海外の国に移して、税金の支払いをできるだけ低く抑制したいという行動が見られます。海外においても、富裕者を誘致したいために、意図的に税金を低くしている国があります。村上ファンドの村上世彰氏は逮捕の直前にシンガポールに本居を移しましたが、これも税逃れの手段として象徴的な行動と言えます。富裕者の租税回避策は海外逃避のみならず、国内においても様々な手段がビジネスとして提供されていますし、富裕者はそれに応えています。

これら富裕者の所得や資産をますます増やそうとする行動を、どう評価すればよいのでしょうか。私たちは自由を保障する日本に居住していますので、これらの行動を非難できません。もし法律を犯しているのなら、厳重に処罰されなければなりませんが、原則においては「個人の自由」と言えます。あるいは、弊害があまりにも目立つようであれば、税制や会社法の改正という政策もありえるでしょう。どのような具体策があるかを議論するには、一冊の本を必要としますので、ここではそれをしません。

しかし、一点だけややエモーショナルな事例を述べて、この節を終えたいと思います。それはあるテニスプレーヤーの話です。七〇年代から八〇年代前半にかけて活躍したスウェーデン人のプロ・テニスプレーヤーで、ビヨン・ボルグという選手がいました。名選手で数々の優勝を重ね、巨額の賞金を獲得しました。現役でプレイをしている頃、スウェーデンの所得税率が高過ぎるとして、節税のために税率の非常に低いモナコに住居を移しました。しかし、現役引退後しばらくしてから、再び母国のスウェーデンに戻ったのです。その理由は、確かにスウェーデンは税や社会保険料の負担は重いが、恵まれた社会保障制度は老後の生活に安心感があるので、自分はそれを求めてスウェーデンに住む、というものでした。この逸話をどう評価するのか、それは人によって異なると予想しますが、海外逃避する日本人の富裕者の答えも聞いてみたいものです。

4　地域格差の実態

数値に見る地域格差

次に地域の格差について考えたいと思います。近年、地方の衰退が著しいと言われます。たとえばシャッターを閉めた店が連なる商店街が地方にはたくさんあり、仕事がない、所得が減ったなどなど、地方が疲弊しているという様々な声を聞きます。この問題をどう考えたらよいでしょうか。

それを考える上で、まず数値を使って、地域格差の状況を確認してみましょう。第一に完全失業率から見てみます。表3-9は、一九七五年から二〇〇〇年まで、地域別に失業率を示したものです。これによると、一九七五年における全国平均の失業率は二・三%でした。一方、地域別に見ると、一番失業率が低いのが、北陸の一・六%。続いて東海が一・七%という数字です。失業率が一番高いのは沖縄の八・一%です。そして九州の三・二%へと続きます。県別に見ると、一番低いのは、新潟県、長野県、岐阜県の一・三%、逆に高いのは沖縄県、続いて高知県の三・九%です。

では、二〇〇〇年になって、どのような変化が現れたでしょうか。失業率は全国平均で四・七%となっており、七五年よりも二・四ポイントも増加しています。一番低い失業率は、七五年の時と同様に北陸の三・四%です。次に東海の三・九%と続きます。一方、失業率が高いのは、同じく沖縄の九・四%、そして九州の五・一%となっています。県別に見ると、一番低いのは、福井県、長野県の三・一%、逆に高いのは、沖縄県に続いて福岡県の五・九%となっています。

表3-9　地域別完全失業率の推移(単位：%)

地域名	1975年	1980年	1985年	1990年	1995年	2000年
東京都	2.5	2.7	3.6	3.1	4.9	4.8
新潟県	1.3	1.5	2.3	2.0	2.7	3.9
福井県	1.5	1.6	2.0	1.9	2.5	3.1
長野県	1.3	1.2	1.7	1.7	2.5	3.1
岐阜県	1.3	1.5	2.0	2.0	3.2	3.7
大阪府	3.1	3.3	4.5	4.2	6.2	7.0
高知県	3.9	4.0	5.6	4.7	5.4	5.3
福岡県	3.8	4.1	5.7	4.5	5.5	5.9
沖縄県	8.1	7.7	7.6	7.7	10.3	9.4
全　国	2.3	2.5	3.4	3.0	4.3	4.7
北海道	2.1	2.6	4.4	3.6	4.4	4.8
東　北	1.8	2.1	3.0	2.6	3.5	4.3
関東甲信	2.1	2.2	3.0	2.7	4.3	4.6
北　陸	1.6	1.7	2.2	2.1	2.9	3.4
東　海	1.7	1.8	2.5	2.4	3.5	3.9
関　西	2.7	2.9	3.9	3.6	5.3	5.8
中　国	1.9	2.2	3.0	2.6	3.5	4.1
四　国	2.9	3.1	4.3	3.8	4.5	5.0
九　州	3.2	3.3	4.6	3.7	4.6	5.1
沖　縄	8.1	7.7	7.6	7.7	10.3	9.4
三大都市圏	2.4	2.5	3.4	3.1	4.7	5.0
東京圏	2.3	2.4	3.2	2.9	4.6	4.8
名古屋圏	1.7	1.9	2.5	2.5	3.6	4.0
大阪圏	2.8	3.1	4.1	3.7	5.6	6.1
地方圏	2.2	2.4	3.4	3.0	3.9	4.5

出所：総務省「国勢調査報告」

注：地域別の完全失業率(%)＝(地域内の完全失業者総数÷地域内の労働力人口総数)×100

このように、失業率から見た地域格差は、三〇年前の状況とそれほど様相が変わっていないと言えます。すなわち、地域による失業率の格差は昔から存在していました。

ただし、ここ一五年ほど不景気が進行しているので、失業率全体が相当高まっているということが注目されます。したがって、失業率が高い沖縄や九州のような地方の深刻さが、さらに増したと言えるでしょう。これが地域間の格差が顕在化したことを認識させたのです。

同様のことが有効求人倍率でも言えます。二〇〇四年の有効求人倍率は、全国平均で〇・八三倍、一番低いのが沖縄の〇・四〇倍です(表3-10)。続いて北海道の〇・五四倍、九州の〇・六一倍と続きます。一方、有効求人倍率の高いのは、東海の一・二二倍、次が中国の〇・九六倍となっています。県別では、一番低いのは沖縄県に続いて青森県の〇・三三倍です。一番高いのは、愛知県の一・四〇倍、続いて群馬県の一・二九倍となっています。有効求人倍率の地域間格差は、失業率のそれよりも大きいと言えます。

次に重要な指標は、一人あたりの県民所得による比較です。すなわち、ある県で所得を得ている人たちの一人あたり平均どれだけの所得を得ているかという数字を比較することによって、都市と地方の人たちの所得格差を調べることができます。

一九九〇年における全国平均の県民一人あたりの所得は二九一万円です(表3-11)。二〇〇二年は二九二万円となっています。この一二年間で、所得がほとんど増えていないということは、

表 3-10　地域別有効求人倍率の推移(単位：倍)

地域名	1999年	2000年	2001年	2002年	2003年	2004年
青森県	0.32	0.39	0.33	0.29	0.31	0.33
群馬県	0.65	0.92	0.88	0.73	0.99	1.29
東京都	0.48	0.65	0.76	0.70	0.82	1.15
愛知県	0.56	0.74	0.79	0.75	0.96	1.40
大阪府	0.37	0.48	0.50	0.46	0.60	0.84
沖縄県	0.22	0.28	0.26	0.30	0.36	0.40
全　国	0.48	0.59	0.59	0.54	0.64	0.83
北海道	0.44	0.46	0.48	0.47	0.49	0.54
東　北	0.49	0.59	0.51	0.45	0.55	0.66
関東甲信	0.47	0.62	0.66	0.58	0.70	0.94
北　陸	0.65	0.80	0.70	0.64	0.75	0.99
東　海	0.61	0.77	0.80	0.74	0.90	1.22
関　西	0.38	0.48	0.49	0.45	0.57	0.78
中　国	0.64	0.72	0.70	0.66	0.78	0.96
四　国	0.62	0.66	0.65	0.61	0.66	0.78
九　州	0.41	0.48	0.47	0.42	0.51	0.61
沖　縄	0.22	0.28	0.26	0.30	0.36	0.40
三大都市圏	0.41	0.55	0.60	0.55	0.67	0.92
東京圏	0.41	0.55	0.63	0.56	0.67	0.91
名古屋圏	0.55	0.72	0.76	0.73	0.93	1.35
大阪圏	0.37	0.47	0.49	0.45	0.57	0.78
地方圏	0.53	0.62	0.59	0.53	0.62	0.75

出所：厚生労働省「労働統計年報」
注：(1)　地域別の有効求人倍率＝地域内の有効求人数÷地域内の有効求職者数
(2)　新規学卒者を除き，パートタイム労働者を含む.
(3)　月平均である.

表 3-11　地域別一人あたり県民所得の推移(単位：千円／人)

地域名	1990年度	1995年度	2000年度	2001年度	2002年度	所得水準(全国＝100) 1990年度	1995年度	2000年度	2001年度	2002年度
青森県	2,243	2,442	2,401	2,306	2,213	77.2	78.7	78.1	78.2	75.9
東京都	4,140	4,152	4,319	4,150	4,080	142.5	133.8	140.5	140.7	139.9
愛知県	3,339	3,534	3,439	3,405	3,421	114.9	113.9	111.9	115.4	117.3
大阪府	3,497	3,412	3,180	3,049	3,030	120.4	109.9	103.5	103.3	103.9
沖縄県	1,894	2,037	2,108	2,067	2,031	65.2	65.7	68.6	70.0	69.6
全国	2,905	3,103	3,074	2,951	2,916	100.0	100.0	100.0	100.0	100.0
北海道	2,407	2,754	2,674	2,637	2,563	82.8	88.8	87.0	89.4	87.9
東北	2,360	2,644	2,684	2,579	2,518	81.2	85.2	87.3	87.4	86.3
関東甲信	3,333	3,493	3,457	3,289	3,236	114.7	112.6	112.5	111.5	111.0
北陸	2,814	3,029	3,004	2,914	2,905	96.9	97.6	97.7	98.8	99.6
東海	3,096	3,313	3,296	3,209	3,223	106.6	106.8	107.2	108.7	110.5
関西	3,053	3,169	3,029	2,865	2,860	105.1	102.1	98.5	97.1	98.1
中国	2,650	2,857	2,818	2,756	2,718	91.2	92.1	91.7	93.4	93.2
四国	2,330	2,632	2,574	2,531	2,481	80.2	84.8	83.8	85.8	85.1
九州	2,296	2,513	2,594	2,507	2,470	79.0	81.0	84.4	85.0	84.7
沖縄	1,894	2,037	2,108	2,067	2,031	65.2	65.7	68.6	70.0	69.6
三大都市圏	3,342	3,483	3,396	3,243	3,208	115.0	112.2	110.5	109.9	110.0
東京圏	3,490	3,629	3,580	3,409	3,348	120.1	116.9	116.5	115.5	114.8
名古屋圏	3,214	3,428	3,367	3,313	3,325	110.6	110.5	109.5	112.3	114.0
大阪圏	3,127	3,228	3,048	2,876	2,869	107.6	104.0	99.2	97.5	98.4
地方圏	2,532	2,776	2,791	2,693	2,658	87.1	89.5	90.8	91.3	91.1
変動係数	0.16	0.14	0.13	0.13	0.13	0.16	0.14	0.13	0.13	0.13

出所：内閣府「県民経済計算年報」

注：(1)　地域別の一人あたり県民所得は，資料から次により算出した．
地域別の一人あたり県民所得＝地域内県民所得÷地域内人口

(2)　人口は，国勢調査年は「国勢調査報告」，国勢調査年以外の年においては「都道府県別推計人口(総務省，各年 10 月 1 日現在)」による．

(3)　93SNA 準拠．ちなみに，SNA とは，国連において勧告された国民経済計算の国際標準体系である．93SNA とは 93 年に勧告された体系である．

ある意味で驚きです。日本において、いかに経済が沈滞していたかがわかります。

二〇〇二年において、一人あたり県民所得の地域別格差に注目してみます。一番低いのが沖縄の二〇三万円。その次に低いのが、九州の二四七万円。続いて四国の二四八万円となっています。一方、一人あたり県民所得が一番高いのは、関東甲信の三二四万円。その次が東海の三二二万円となっています。ここからわかることは、いわゆる関東地区と東海地区の県民所得が高くて、四国・九州・沖縄地域の県民所得が低いということです。

同じく、二〇〇二年の所得を県別で見てみると、低いのは一位の沖縄県に続いて、青森県の二二一万円。逆に高いのは東京都の四〇八万円、続いて愛知県の三四二万円となっています。一番低い沖縄県と高い東京都の差は、実に二倍強です。

いずれの指標においても、中央と地方、都市と田舎で、かなりの経済格差が存在することがわかります。地域間格差は、いまに始まったことではありません。一九七五年と二〇〇〇年の失業率が、相対的な地域間の格差ということで見る限り、それほど様相を変えていなかったことも、そのことを示しています。しかし、絶対的な失業率の高さで見ると、地方の失業率はかなり高くなったので、地方経済の深刻さを知ることができます。

なぜ地域間格差が深刻化するのか

かつては公共事業が、この地域間格差を是正する役割を担っていました。すでに第2章4で述べたように、公共事業は金銭面や雇用面で、地方を支えるという側面ももっていたのです。民間の経済活動だけに任せておけば、地域間格差はもっと広がっていたかもしれません。公共事業には、それを小さくさせる機能もありました。

今日、進めている構造改革は、この公共事業を削減する政策を採りました。したがって、公共事業が持っていた地域間格差の是正機能も奪われることとなりました。しかし、その一方で、公共事業に代わる地域支援策を導入するにはいたっていません。これについても第2章ですでに述べました。こうしたことも、さらに地域を疲弊させる原因です。

また、商業分野における規制緩和により、大店舗が地方に次々と進出しました。その結果、郊外には大きなスーパーやデパートが次々と現れる一方、いわゆる地方の個人経営を中心にした商店街は衰退し、シャッター通りと言われるように寂れてしまいました。これも地方が疲弊していることを示す現象です。

ただ、第2章4でも述べましたが、こうした政策が必ずしも問題とばかりは言えません。公共事業には、利便性のない高速道路をはじめ、無駄なものもたくさんありました。同様に、大店舗の進出に関しても、地方にそのような大型店が出店することで、効率性の高い流通業ができ、長い視野で見れば、流通業の経済効率を高めることに貢献しているかもしれません。日本の場合、製造業に比べ、流通業は効率性の低い産業に位置づけられていました。大規模流通業の登場は、それを改善することが期待できます。

しかし、繰り返し述べますが、こうしたことによって地方が衰退したことに、政府が何ら有効な策を採っていない点が問題なのです。ではいったい、どんな対策が必要なのでしょうか。これについては、第5章3で述べます。

5　奪われる機会の平等

「結果の平等」と「機会の平等」

次は機会の平等について考えます。私たちが「平等・不平等」と言う時には、「結果の平等・不平等」、あるいは「機会の平等・不平等」を区別する必要があります。結果の平等・不平等を論じる際は、人が職業活動や経済活動などを行うことによって得られた成果、すなわち所得や資産といった経済成果などに注目して、それに格差があるのかないのかを論じます。

一方、機会の平等・不平等の場合は、人が職業活動や経済活動を行うための機会について格差があったのかなかったのかを論じます。たとえば、人は学校で教育を受け、やがて就職し、企業の中で昇進をしていきます。そのような三つの教育・就職・昇進のそれぞれの段階において、みんな平等に機会が与えられているのか、与えられていないのかということに注目するのが、機会の平等・不平等です。

機会の平等については、二つの原則があります。一つは「全員参加の原則」です。たとえば、人が教育を受けたい、就職したい、昇進したいと希望した時に、望む人は全員参加できる、すなわち候補者となる機会が与えられるべきだという考え方です。もう一つは「非差別の原則」です。たとえば、人が何らかの職に就きたいと考えたとき、そこには選抜があります。この選抜を行う時に差別をしてはならないという考え方です。男性か女性か、若いか年寄りかといった個人の資質によって、差別されることがあってはならないということです。

この二つの原則が満たされていれば、その社会は多くの人に機会の平等性が与えられていると言えるでしょう。しかし現実には、そのような二つの原則が達成されていない場合が少なくありません。そのことについて、具体的に考えてみましょう。

良い教育を受けられるのは、所得の高い親の子弟

第一に教育の分野についてです。自分が望む教育を受けることができるかということに注目することによって、教育における機会の平等が達成されているかが測定できます。

実際には、自分が望む教育を受けるためには、様々な条件が必要になってきます。たとえば、

本人の能力はもちろんのこと、親の所得、あるいは親の教育水準などに影響を受けます。端的に言ってしまえば、誰でもが名門大学で教育を受けたいと思っても、簡単には実現できません。本人の能力に差があるのは、ある意味では仕方のないことです。あるいは、努力をしたかどうかも大切です。能力と努力は平等の原則からは論じることができません。

もっとも、人の生まれながらにある能力差、たとえば身体能力、頭の良さ、容貌、性格などを平等・不平等の視点から考えることもあります。現実に存在する天性の能力に差があるのは不平等だという極端な主張もありえます。これが本当にそうなのかを議論することは、本書の範囲を超えていますので、ここではしません。

本題に戻りましょう。機会の平等を論じる際に重要な点は、親の所得によって、本人が望む教育を受けることができるか、できないかが決定されてしまうということです。義務教育は、憲法によって国民みなが受けることが決められているので、基本的に差別は存在しません。しかし、義務教育を終え、高校へ進学し、あるいは大学へ進学する際に、今日の日本社会において、親の所得という要素がかなり影響力を持つことが、様々な統計によって確認されています。

わかりやすい例で説明しましょう。日本で一番の難関大学といえば、一般的には、東京大学です。三〇年ぐらい前であれば、東京大学に進学する高校生の多くは東京の日比谷高校をはじめ各都道府県の名門公立高校の出身でした。公立高校は、私立高校と比べれば授業料は安く、誰でも入試を受けることができます。本人の能力と実力次第で、進学することは基本的には可能です。親の所得が与える影響は、それほど大きくなかったと言えます。

しかし、現在はどうでしょうか。東京大学の入学者の多くが私立の進学校出身者へと様変わりしています。私立高校は、教育内容についてもある程度、自由に行うことができます。したがって、受験に的を絞った教育を行い、名門大学に学生を進学させることに力を注ぐ高校が珍しくなくなってきています。しかも優秀な子弟の志願者が多く集まるようにもなっています。

そのような私立高校は授業料も高く、また受験にパスして入学するのも大変です。入学させるために、子どもを塾に通わせ、あるいは家庭教師をつける。また、入学しても、高い授業料を払い続ける。こうなってくると、当然、親の所得が高くなければ、進学は無理でしょう。実際に、東大生の子どもを持つ親の所得は、日本の大学では一番高い水準にあります。二、三〇年前は、慶應義塾大学など一部の私立大学でした。しかし、今日では、親の所得が比較的高いとされていた慶應義塾大学に、東京大学の親の所得が近づいています。

ごく最近の興味深い例を紹介しましょう。二〇〇六年四月に開校した愛知県蒲郡《がまごおり》市の海陽中学・高校は、全寮制のエリート校を目指しており、年額三五〇万円が必要です。親の所得が一〇〇〇万円以上でないと進学は無理と言われています。イギリスの名門校であるパブリックスクールのイートン校をモデルとしています。階級社会であるイギリス流の教育制度が日本に根付くかどうか、興味の持たれるところです。

こうした例は、親の所得の高い子弟がいい教育を受ける時代になったことを、ある意味で象徴的に物語っています。これは、階層の固定化へもつながる懸念があります。

教育における公的部門の撤退

このように教育の機会平等が損なわれるような状況において、政府にはどのような役割があるのかを考えてみましょう。その一つとして、教育費について検証します。

先述したように、かつては公立高校から国立大学である東京大学へと進学するケースは、珍しくありませんでした。公立高校や国立大学は、私立よりも安い学費で教育を受けることができます。これは、公共部門、すなわち国が教育支出を行うことによって、はじめて可能となります。公立高校や国立大学は大半の費用が公費で運営され、逆に言えば、家計が教育費についてそれほど負担をする必要がなかったのです。

しかし、こうした状況が大きく変わってきています。たとえば、私が学生だった四〇年ほど前、国立大学の授業料は年額一万二〇〇〇円でした。しかし、今や国立大学の授業料は五〇万円程度となっており、物価上昇率から考えても、非常に高い上昇率です。このことによって、家計における学費の負担が相当大きくなってきたということがわかります。

その結果、親の所得がある程度高くないと、子どもを大学など上級学校に進学させることも難しくなっています。私立の大学であれば、その学費負担は、さらに大きくなります。すなわち、今日の日本において、教育の機会不平等が進行していることを示しています。親の所得とは無関係に、子どもに良い教育が与えられることが、教育における機会の平等だと判断します。そのためには、奨学金制度の充実をはじめ様々な対策が望まれます。これについては、第5章4で論じます。

現在、日本政府は、大幅に教育費のカットを続けています。国立大学の授業料の問題もそうですが、たとえば、公立の教員の給料を減らす政策も導入しています。かつては、地方公立学校の教員の給料が、地方公務員よりも四%ぐらい高く設定されていました。教員は将来の人材を育成するという意味で、重要な仕事と見なされ、相対的に高い賃金を出すことにコンセンサスがありました。しかし、現在、教員への特別扱いを止める政策を採っています。これは、ある意味で象徴的な例ですが、義務教育の支出削減をはじめ、教育への公的支出の削減を次々に打ち出しています。

これも第5章4で詳しく論じますが、実は、日本の教育費支出がGDPに占める比率は、世界の先進国の中でも最低水準なのです。教育は次の世代を育成するという意味で、その国の将来に大きな影響を与えます。また、国の将来を考えた場合でも、高い資質を持たない国民が増加するような状況が、よいとは思えません。子どもや学生の学力低下が言われている今日の日本においては、なおさらでしょう。教育における、公的支出を増やすべきだと私は考えます。

職業における機会の平等

機会の平等・不平等を論じる際に、親の職業と子どもの職業との関係も重要な要素です。すなわち親の職業が、子どもの職業にどの程度影響を与えるかということです。そのことを「社会移動」という言葉で表します。子どもが、親の階層より上の階層に行ったのか、あるいは下の階層に行ったのか。そうした親子間の階層の移動が「社会移動」です。親の階層や職業などに左右されずに、子どもがそれよりも高い地位の職業、高い階層に移ったり、あるいは逆に下の階層に移ったのであれば、「社会移動が大きい」となります。

この社会移動については、社会学者の佐藤俊樹氏が、興味深いデータを発表しています(図3-3)。この図は父親の主たる職業と子ども(本人)が四〇歳の時の職業を比較して、開放性係数を示したものです。開放性係数が高ければ、父子の職業が同じでない確率が高くなります。

この図によると、上層ホワイトカラー(管理職と専門職)に関して、父親がそうであれば子どもも同じ上層ホワイトカラーに就く可能性が、最近になって高くなっています。すなわち、九〇年代前半までの日本社会では社会移動が高かったと判断できます。親の職業とは無関係に、

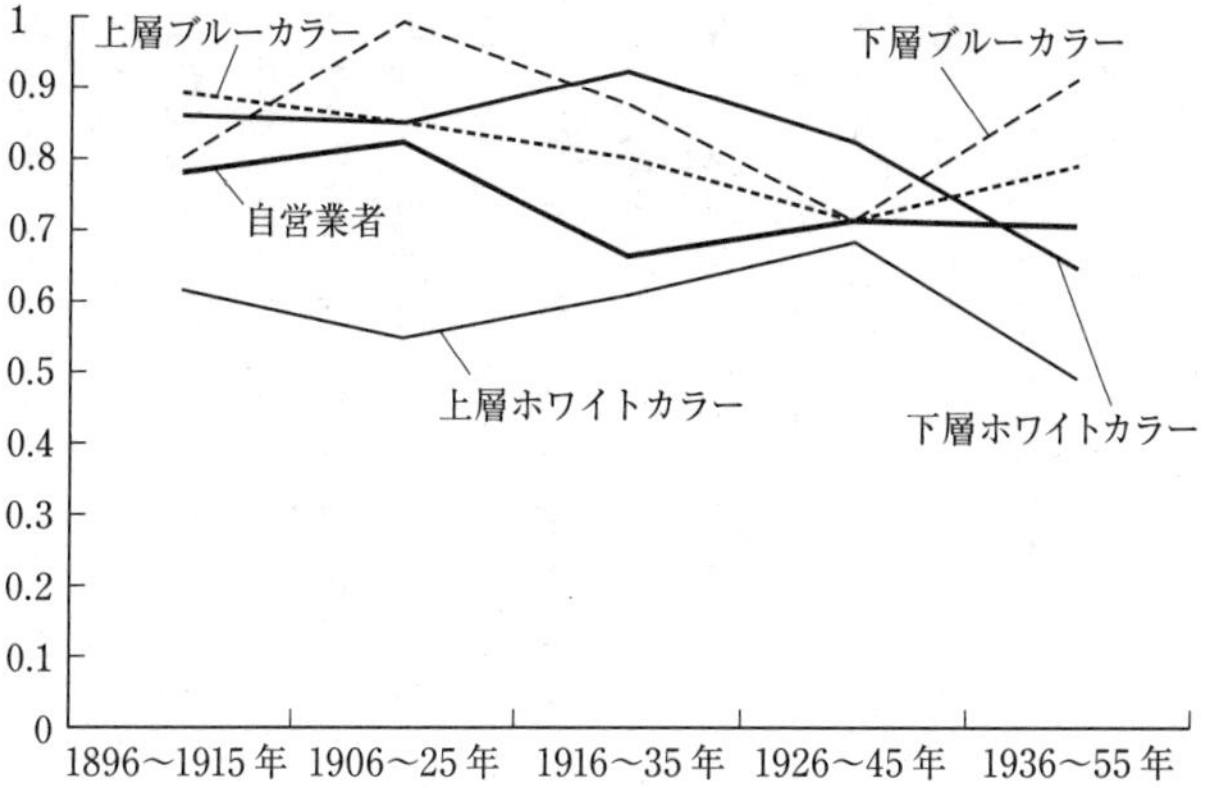

注：1896〜1915年というのは，1955年に調査が行われたときに40〜59歳だった人，1906〜25年は65年調査において40〜59歳だった人，最後の1936〜55年は95年調査において40〜59歳だった人を指す．
出所：佐藤俊樹『不平等社会日本』

図3-3　出生年代別・父主職×本人40歳の開放性係数

子どもは自分の望む職業に就くことができる可能性が高かったと言えるのです。しかし、現代においてはそのような高い社会移動の程度が低くなって、親の職業が子どもの職業水準を決定する割合が高くなっていることがわかります。

政治家と医者を例に考える

私はこの問題を考える際に、象徴的な二つの職業を論じることによって、理解が可能だと見ています。それは政治家と医者です。政治家と医者というのは、職業で言えば上層階級に属する職業と言えるでしょう。

現在の国会議員には、親が政治家であった人たち、すなわち二世、三世議員が非常に多いです。かつての政治家というのは、主として次の二つのタイプが多かったのです。一つは高級官僚上がり。もう一つは労組の幹部上がりです。もっとも、ここでは、国会議員に高級官僚と労組幹部上がりが多かったことの是非は問いません。

中央官庁の官僚や労組のトップは、かつては親の階層や職業が影響することは少なかったのです。たとえば高級官僚の場合、かつても現在も東大の卒業生が多いです。しかし、前述したように、以前は、公立高校から東大へ入る学生が多かったわけです。その意味では、官僚になることは、ある程度、本人の努力に負っていた部分が大きかったのです。したがって、東大から中央官庁に入り、その後国会議員になるという道には、親の職業、階層が与える影響はそれほど大きくなかったと言えるでしょう。労組の幹部の場合は、自分が入った企業で組合幹部になり、その後、政治家となる官僚などよりも、親の職業が与える影響は少ないでしょう。

ところが今の政治家というのは、そのようなケースが減ってきています。親が政治家であり、その親の「地盤」などを受け継ぎ、子どもが政治家となる場合が増えてきています。政治家になるには、親が政治家であることが有利なのです。この例なども、社会移動の開放性が低くなっている、すなわち階層の固定化を示す一つの例と言えるでしょう。

次に医者について考えてみましょう。先にも紹介した『お金持ち研究』で行った調査によると、医者の四割程度が自分の子どもも医者であると回答しています。したがって、医者の世界では、親子ともに医者というケースは少なくないと言えるでしょう。すなわち、政治家の場合と似たようなことが医者の世界でも起こっているのです。

本章３でも述べましたが、医者になるためには高い学力が必要です。医学部は人気が高く、国公立の医学部入学には厳しい受験競争を勝ち抜く必要があります。そのためには、親が子どもの教育費に相当の出費をしなければならないでしょう。さらに、入学した後も、私立大学の医学部の授業料などは、一般の家庭の経済力で負担できないほど高くなっています。こうした事実が証明していることは、所得が高い親でなければ、子どもを医者にすることは難しいということです。医者の所得は高いので、親が医者であれば子どもにそのようなコースを歩ませることは、十分可能です。

しかも、医者というのは社会的なステイタスも高い職業です。したがって、医者である親の姿を見て、子どもが医者という職業に憧れることも不思議ではないでしょう。そして、子どもが医者になることを望み、親も子どもを医者にさせるべく熱心に教育を施すことにより、親が医者、子どもも医者ということが起こりやすくなるのだと、解釈します。

インセンティブ・デバイド

以上、政治家と医者を例に説明しましたが、こうした状態を「インセンティブ・デバイド」

という考え方から見ることも可能です。すなわち、子どもの教育、職業に対しての親の意欲の度合いによって、子どもの意欲や希望もある程度決定されてしまうということです。ということは、親の意欲が弱ければ、子どもも意欲、希望を持ちづらくなります。このように、意欲、希望を持つ層と持てない層に乖離する状況を「インセンティブ・デバイド」と言うわけです。

いま、政治家と医者を例に挙げましたが、たとえば上層のホワイトカラーが親の場合などでも、同様のことが起きていると考えられます。すなわち、親がホワイトカラーであった場合は、子どももホワイトカラーになることが少なくないという状況です。つまり、上層の人間は親、子どもともに高い意欲をもち、下層の人間は親、子どもともに意欲が低い。このように、すでに意欲、希望といった段階で、階層が反映されてしまうことは、大きな問題と言えるでしょう。

女性と教育の機会平等

機会の平等を語る時に女性について注目するのも重要です。なぜなら、女性の社会進出は、男性よりも遅れていました。したがって、女性が社会進出する際に、機会が開かれているのかどうかを考えることは、その社会の機会の平等・不平等を測る上で、重要な目安となるからです。本節で、機会の平等・不平等を語る時には、二つの原則があると述べました。全員参加の原則と非差別の原則です。この二つの原則から女性に対する機会の平等・不平等を考えましょう。

まず学校教育に注目します。かつて、日本の社会では、男子をできるだけ上級学校に進学させようという機運が強くありました。というのも、日本の家計はそれほど豊かではなかったので、教育費にそれほど負担をかけることができませんでした。したがって、ある家計で誰を上級学校に入れるかという場合には、男の子を優先的に進学させるのが一般的でした。それには男性が主とした働き手になっていた、という事情も影響しています。女性を上級学校に進学させる場合でも、高校かせいぜい短大までとなる場合が、少なくありませんでした。

過去の日本では、本人の能力と意欲によって大学進学が可能だったということを先に指摘しました。しかし、このように女子には大学進学の道が閉ざされていたことを考慮すれば、かつての日本ではほとんど男子にのみ機会の平等が与えられており、女子の場合は親の経済力による制約が強かったと理解することが、より正確でしょう。

その後、日本経済が豊かになると、そうした男子と女子の間の差別は、ある程度なくなりました。親の所得が上昇したので、女子も望めば上級学校に進学ができる機会が増えました。すなわち、性別を問わず本人の能力と意欲で上級学校への進学がある程度可能になったのです。

しかし、先述したように、所得格差が拡大しつつある現在、親の所得が子どもの教育に与える影響が強まってきています。すなわち、高等教育、特に名門大学に進学するには、高所得の家計の子弟でなければ入学が難しい時代になってきています。また、これもすでに述べたように、日本では教育への公的支出が少なく、義務教育を終えてしまうと、それぞれの家計が教育に負担しなければならない費用が安くありません。したがって、名門大学のみならず、子どもを上級学校に進学させること自体に余裕のない家計が増える可能性があります。そうなると、かつてのように、やはり女子よりも男子を上級学校に、という考えが復活する可能性は否定できないと思います。

女性と就職の機会平等

次に就職の面から、女性の機会平等、不平等を考えてみましょう。かつて（戦後から一九七〇年代ぐらいまで）は、男は外で働き、女は家庭を守るという社会的な意識が強くありました。女性自身が専業主婦を志向することも、ごく一般的でした。したがって、女性への就職の機会は、非常に限られていました。女性が家庭の外に出て企業で働きたいと望んだとしても、その希望はなかなか満たされませんでした。

当時、働く意思を持っている女性は、民間企業の社員ではなく、公務員になろうとする人が多かったのです。公務員では、あからさまに採用の差別ができません。したがって、資格を取り公務員試験に合格し、公務員の世界に入ろうとする女性が少なくなかったのです。こういう状況は、一九八五年に男女雇用機会均等法が制定されて以降、減っていき、その意味では、女性に対する雇用の機会は、かつてよりは平等化したと言えるでしょう。しかし、まだ完全に平等化したとはとても言える状況にはありません。

昇進における機会平等

就職した企業で、機会の平等・不平等が次に問われるのは昇進の問題です。企業は女性を採用する際に、かつて総合職と一般職という区別を設けていました。総合職というのは、仕事がきつく、転勤などもある一方、将来の幹部としての道が開かれているような職種です。一般職は、転勤などなく、仕事も補助的な仕事を任され、昇進の道が限られた職種です。企業は男性を総合職として雇い、女性を一般職として雇うのが一般的でした。そういう意味では、民間企業においては、女性に昇進の可能性があまり開かれていなかったわけです。したがって、昇進という面から見ると、キャリア志向の女性にとっては機会の不平等であると解釈できます。

ごく最近になって、総合職・一般職という職種の区別は差別だという認識が高まってきましたので、企業があからさまにそういう区別をすることは減る傾向にあります。しかし、目に見えない形での差別は、まだまだ存在します。結婚、出産などを機に女性に家庭に入ることを暗に要請したり、それを理由に昇進を拒んだりする。あるいは、転勤できる、できないといった区別による差別も、まだ根強く残っているようです。

経済学的な見地からは、この昇進に関して、いろいろな解釈ができます。女性に対する昇進における差別を、「統計的差別」という言葉で合理化する考え方もあります。すなわち、かつての女性は専業主婦になる人が多く、あるいは働いている人でも結婚・出産を機に企業を辞める人も多かったのです。つまり、かつては女性の離職率が高かったと言えます。そうしたかつての統計データをもとに、女性はやがては離職するだろうと推測し、その推測を根拠に企業は、女性を昇進させない、あるいは職業訓練の機会を与えないといった行動をとっていたのです。こうした企業の行動を「統計的差別」と称して、企業側の立場からすれば合理的なものであると正当化していたのです。

しかし、今日では、キャリアを全うしたいと望む女性は少なくありません。そうした女性に対して「統計的差別」を根拠に差別的な行動をとることは、いまや認められないでしょう。徐々に女性にも昇進の機会は高まっていますが、そのスピードを高めるために、たとえば課長や部長の何割は女性でないといけない、といった割当制を設けて強制的に昇進や採用を女性に有利に働くようにする政策もありえます。これを「積極的差別削減政策」と称しますが、この政策が成功すれば、短期で廃止する必要があるでしょう。

第4章　格差社会のゆくえを考える

前章では、格差が広がっていくなかで、日本社会にどのような変化が起きているのかを考察してきました。こうした考察を踏まえた上で、格差が広がることを容認するのか、しないのかは、自分たちの住む社会をどのような社会にしたいのかという展望や、人々の価値判断に当然大きく関わってきます。すなわち、格差が拡大することを容認する場合と容認しない場合では、日本の将来像も大きく変わってくるでしょう。私自身は、このまま格差が広がることは、やはり将来的に問題があるのではないかと考えます。本章では、格差がこのまま広がっていった時に、どのような問題が起きるのか、想定されることを考えてみたいと思います。

1　格差拡大を容認しても大丈夫なのか

「格差の何が悪い」の真意

「はじめに」でも触れましたが、現在、格差をめぐって様々な議論が起きています。しかし、いま起きている議論の新しさは、小泉首相の国会での発言に代表されるような「格差の何が悪い」「格差が拡大してもいいではないか」という考えが主張されている点です。これは、社会の根幹に関わる重要な議論だと考えます。

私は、一国の指導者が、格差拡大を容認する発言をしたという点に興味を惹かれます。第1章5で紹介しましたが、通常は、格差の拡大、不平等化の進行を指摘することは、政府をいたく刺激するのです。一九七〇年代、ＯＥＣＤが先進諸国の中で最も不平等度が高いのはフランスであると指摘したことに、当時のジスカール・デスタン大統領自らが抗議をした例を紹介しました。日本でも当初、政府は「格差の拡大は見かけにすぎない」と主張し、小泉首相もそれを踏襲していました。しかし、その後、一転して「格差の何が悪い」と主張しはじめたのです。

小泉首相の発言の本心は、どのようなものなのでしょうか。通常、そのような発言は多くの人、特に弱者の人から猛反発を食らうものです。世の中に貧困者が増えるということは、好ましくないと考える人も少なくないでしょう。仮に本音ではそう思っていても、国の指導者が本音を正直に発言するのは、珍しいことです。

小泉首相は、猛反発を食らうことを覚悟して、あえて、そのように発言したのでしょうか。それとも、国民の間にも、自分のような考え方を持つ人間が増えてきており、共感を持って迎えられるだろうと考えたのでしょうか。すなわち、不況を脱するためには、格差が出ても仕方がない、あるいは、国際的な競争力をつけるためには、日本にもっと競争促進策を導入して、強い経済を実現しなければならない。そのように考えている国民は、実は多く存在し、今日の日本社会において、自分の考えが反発を食らうことは少ないであろうと考えたのでしょうか。

これについては、もはや推測するしかありません。ただし、一つだけ言えることがあります。それは、小泉首相は、経済効率が重要であり、そのために不平等が増えてもやむをえない、という信念を持っているということです。したがって、国民の反応をどう予測したかはさておき、その信念を述べたと考えられるわけです。それは、「はじめに」でも紹介しましたが、次のような発言にも表れています。「成功者をねたんだり、能力ある者の足を引っ張ったりする風潮を慎まないと、社会は発展しない」。こうした考え方は、経済学者として学問的にも真剣に議論すべき問題を提供しています。そのことを次に述べます。

経済効率のためには格差拡大はやむをえないのか

経済効率を高めるためには、貧富の格差が拡大するのはやむをえないという考え方は、「効率性と公平性のトレードオフ」と言い換えることができます。「トレードオフ」とは、AとBが同時に成り立つことはなく、どちらか一方を優先する際には、他方を犠牲にしなければならない、ということです。したがって、効率性のためには公平性が犠牲になっても仕方がない、さらに言えば、公平性を犠牲にしなければ、効率性は高まらないという考え方です。

はたして、効率性と公平性の間には「トレードオフ」の関係が成立しているのでしょうか。

すなわち、格差の拡大を容認しなければ、あるいは、公平性を犠牲にしなければ、経済効率を高めることはできないと言えるのでしょうか。経済学者としては、検証する必要があります。

たとえば、有能な人、頑張った人に、高い報酬を与えることを考えてみましょう。かつては有能な人が高い報酬を得ても、所得再分配政策によって、高額の税を課せられていました。そのことによって有能な人のやる気を削ぎ、経済効率が低下し、社会が活性化されない、というのがトレードオフの考え方です。では、仮に二〇〇〇万円の所得をもらっていた人が、二倍の所得の四〇〇〇万円、あるいは、五倍の一億円の所得をもらったとします。そうしたときに、はたして、経済の効率あるいは、努力の程度もそれに比例して高まるのでしょうか。

私は、そうはならないと判断しています。これは「収穫逓減《ていげん》の法則」という考え方で説明できます。ある要素を倍増したときに、それに比例して、それから期待できる効果も倍増するのか。三倍になった場合はどうか。四倍になった場合はどうか。このように、どんどん、その要素を高めれば高めるほど、その期待できる効果は逓減するというのが、経済学の考え方です。すなわち、有能な人に高い所得を与えたとしても、それから得られる経済効率への効果というものには、ある程度の限度があるだろう、ということです。

もう一つ、別の見方をしてみましょう。すなわち、有能な人、頑張る人が今まで以上により高い所得を得た時に、どういう現象が起きるかということを考えてみます。

所得が高くなると、生活のレベルも上がります。一億円の所得を得ている人は、それに見合った生活をすることになるでしょう。その生活を維持するには、高い消費が必要ですし、エネルギー資源もたくさん使わなければなりません。しかし、天然の資源やエネルギー資源には、限度があります。それが、限られた少数の人の生活のために、大量に消費されるということは、社会にとって、さらに言えば人類にとってはマイナスにもなりえるのです。

以上のように見てくると、公平性を犠牲にすることが、必ずしも効率性を高めるとは言えません。むしろ、私は、効率性と公平性は、両立が可能であると考えます。これについては、第5章1で詳しく述べます。

2　貧困者の増大がもたらす矛盾

貧困者の増大は社会にとってもマイナス

ここまでの章で、貧困者あるいは弱者が増えてきたことを、詳しく述べてきました。自分が貧困者や弱者になることを望む人はいないでしょう。つまり、個人にとっては、貧困者や弱者になることは好ましくないことなのです。しかし、貧困者や弱者が増えることは、そうした個人的な問題のレベルを超えて、社会にとっても大きな問題を引き起こします。具体的にどういう問題が発生するのか。そのことについて、説明しましょう。

第一に、経済効率の問題です。経済効率のためには格差拡大はやむをえないという考え方の問題点を、前節で紹介しました。このことは、貧困者、弱者の側からも説明できます。たとえば、あまりにも低い賃金に抑えられている労働者が増えたらどうなるでしょうか。彼らは、勤労意欲を失ってしまうでしょう。働いても仕方がない。そう思う人が増大したら、どうでしょうか。日本経済の活性化にとってもマイナスの要因となってしまうと、私は危惧します。

第二に、貧困者が失業者であれば、その人は働いていないことを意味しています。働いていないということは、人材を有効に使用していない、あるいは人的資源をムダにしていると言えます。いわば資源のロスにつながります。

第三に、犯罪が増えるのではないかという危惧です。貧困者や弱者は、社会から疎外されているという劣等感を持つ場合が少なくありません。不幸なことに勝者を憎み、あるいは、高所得者に嫉妬を感じるかもしれません。その結果、犯罪に手を染めてしまう人も出てくるでしょう。貧困者や弱者が増えることは犯罪の可能性を増やし、社会を不安定にするということです。

第四に、貧困者や弱者が増えることは、逆に社会の負担を増やしてしまうという矛盾が生じるのです。貧困で生活できないという人に対しては、公的な経済援助を行う必要があります。したがって、貧困者が増えれば、そうした経済援助負担が自動的に増えるということです。

たとえば、格差が増大し、生活保護を受けなければならない人が増えたとします。生活保護を支給するための財源は、国民による税負担です。自治体によっては、すでに生活保護の財源確保が厳しい自治体も現れています。したがって、貧困者の数は、国民に余分な税負担を要求しないためにも、できるだけ抑えておいた方がよいと、私は判断します。

第五に、倫理的な問題です。豪邸に住み華麗な消費に走るお金持ちと、みすぼらしい家に住み日々の食に困るような貧困者が並存しているような状態が、はたして人間的なのでしょうか。あるいは、強者が弱者を見下すこともありえるでしょう。子どもの頃から、勝者、敗者が固定されていれば、そのことがいじめにもつながるかもしれません。そして、そうした子どもたちが大人になったとしたら、いじめが社会的に定着する恐れもあります。

もちろん、どの社会にもある程度の高所得者と低所得者の並存というのはありますし、経済効率を保つためにも、ある程度の格差は容認されます。しかし、それが行きすぎた結果、いま述べたような状態が起こることが、はたして人間的なのかどうか、私は大いに疑念を感じます。

アメリカ社会における犯罪と災害のリスク

格差社会の代表が、アメリカであることに疑いはないでしょう。格差を背景として、アメリカ社会で何が起きているかを知ることは、日本の将来像を考える上でも参考になります。

アメリカでは「ゲーテッドタウン」というものが登場しています。富裕層が自分たちの住むコミュニティを実際に壁で囲い、そのコミュニティ外の者を入場させる際には、入口で厳しくチェックを行う。このような富裕層だけの町を「ゲーテッドタウン」と呼びます。一方で、アメリカでは、貧困者は、昔から「ゲットー」と呼ばれるような、貧しくみすぼらしい家が集まった場所に住んでいます。このように、住んでいる場所が、いわば二極化しているのです。

なぜゲーテッドタウンができたのでしょう。一九七〇年代後半から八〇年代にかけて、アメリカは犯罪率が激増し、社会不安が高まりました。その要因には、七〇年代後半から八〇年代に、貧富の格差が増大したことも背景としてあります。富裕層は、そうした犯罪を恐れます。先述したように、敗者の劣等感が、勝者への妬み、恨みへと転化すれば、当然、犯罪を生む危険性が高くなります。その結果、富裕層は犯罪を恐れ、不安を払拭するために、富裕層だけが集まり、壁に囲まれたコミュニティをつくり、そのようなことでセキュリティを確保しようとしたのです。しかし、完璧なセキュリティというのはありませんから、逆の見方をすれば、富裕層は常に不安とともに暮らすことにもなります。このように貧富の格差が広がることは、犯罪の危険性と隣り合わせになるという側面をもっているのです。

もとより、アメリカには複雑な人種問題があります。これが犯罪の多発と関係あることは否定できません。しかし、貧富の格差が大きいことが社会の不安を増大させていることには、専門家の間で意見の一致が見られています。

実は日本においても、まだ顕著ではありませんが、アメリカに似た「ゲーテッドタウン」が見られます。たとえば「六本木ヒルズ」に代表される大金持ちの住むマンションがあります。ここでは入口で出入りが厳重にチェックされていることで有名です。日本版「ゲーテッドタウン」と称してよいかもしれません。

もう一つ例を挙げましょう。二〇〇五年八月にハリケーン「カトリーナ」がアメリカのニューオリンズ地域を襲った時のことは、記憶に新しいでしょう。白人を中心とした裕福な層は郊外に避難できましたが、中心部に住む黒人をはじめ貧困層は避難できずに多数の死者が出ました。なぜなら、富裕層は自動車などを利用して自力で避難できましたが、貧困層は自動車などを持たないので、自力で避難する手段がないからです。この例も、自然災害によって明らかになった、貧富の格差拡大がもたらす生命の危険度の問題と考えられます。

このような社会を、日本の国民が望むかどうか。少なくとも、私は、住む場所さえも顕著に二極化し、自然災害への最低限の対応さえも確保されていないような社会が、住みやすい社会であるとは思いません。

健康格差という新しい問題

またアメリカでは、「健康格差」ともいうべき新しい問題が報告されています。つまり、アメリカでは、貧困者は早死にし、お金持ちは長生きすることが、様々な統計で示されています。貧困者は、日々生きていくことだけに精一杯で、食事の安全性に配慮せず、自分の健康を気にかけることができません。一方、お金持ちは、健康によい食事をし、文化的にも快適な生活を送れます。受けられる医療のレベルでも、貧困者と富裕者では、大きく違ってきます。

アメリカでは、非常に貧しい人や高齢者など特別な例を除き、一般の人に適用される公的な医療保険制度は存在しません。日本のような「皆保険制度」ではないのです。豊かで資金の余裕のある人は、民間の医療保険会社の提供する高額で、内容も充実した医療保険制度に加入します。それによって、ある程度、良質な治療を受けることができます。ところが貧しい人は、そうした民間の医療保険に加入することなどできません。したがって、たとえ病気になっても治療代も払えず、満足な治療を受けることもできません。こうしたアメリカの保険制度の仕組みが、「健康格差」の背景にあります。

アメリカは自己責任の社会です。したがって、こうした事態を問題視する声は、識者の中からはあまり聞こえてきません。かつてヒラリー・クリントンが、夫のクリントン大統領時代に、皆保険制度を視野に入れた医療保険改革を唱えたことがあります。しかし、それに賛同する意見は少なく、結局、成功しませんでした。

このようなアメリカにおける「健康格差」という現象をどう考えるべきなのでしょうか。現在、格差が拡大し、セーフティネットを減らし続けている日本においても、同様の問題が起こる可能性は考えられるでしょう。第5章で述べることですが、実際に日本でも似たことが発生しつつあります。一部の貧しい人々が国民健康保険料が支払えず、したがって病院に行けない、あるいは治療を受けられない、ということが見られています。こうしたことも、はたして人間的にふさわしい社会と言えるのでしょうか。私は、大いに問題を感じずにはいられません。

3　ニート、フリーターのゆくえ

ニートの現状

第2章2で、非正規労働者の増加も格差拡大の要因であることを説明しました。また、第3章2では、低所得労働者の実態を考察しました。その中でも触れましたが、非正規労働者において、若者に多いのがフリーターやニートです。

特に、ここ数年で注目されるようになったのがニートです。ニートとは、イギリスで使われていた概念「Not in Education, Employment or Training (NEET)」を、日本に輸入したものです。要するに、学校にも行っておらず、職業にも就いていない若者を指します。「労働白書」

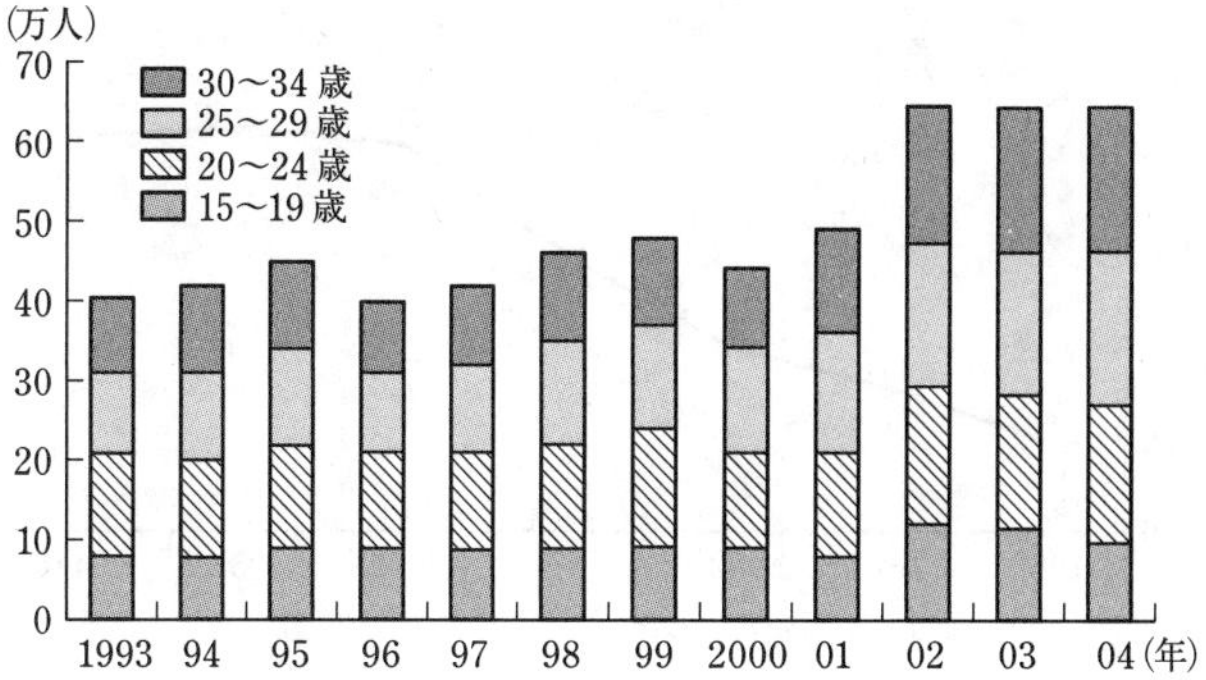

出所：総務省「労働力調査」

図 4-1　年齢別のニート数の推移

も二〇〇四年度から「若年層無業者」として、とらえています。

ここでニートの数の推移を見てみましょう。図4-1は、ニートを「無業で通学も家事もせず求職活動もしていない一五～三四歳の若者」と定義して、その数を推計したものです。それによると、一九九三年に四〇万人台だったニートが、驚くことに、二〇〇二年には六〇万人を超えています。わずか一〇年で二〇万人も増大しているのです。

この図4-1からは、次のようなこともうかがえます。第一に、「ニート」という言葉が登場する一〇年以上も前から、無業の若者が相当数存在していたということです。そうした若者が増えて、社会の中で顕在化し、その結果として近年になって社会問題として多くの人が認識するようになったのでしょう。

第二に、ニートは、無業の若者を示す言葉なのです

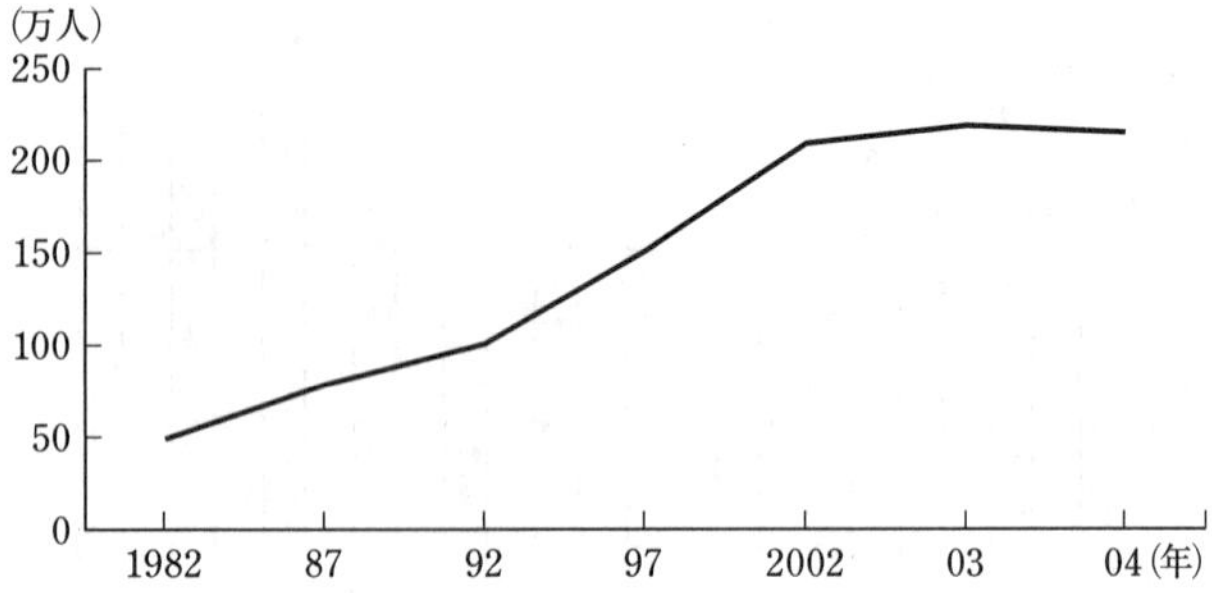

出所：厚生労働省「労働経済の分析」

図4-2　フリーター数の推移

が、二〇〇〇年代に入り、三〇歳前後の壮年のニートが増えて来ています。図4-1の二〇〇二年の数値を見ても、ニートのうちの五〇%以上が二五～三四歳というような実態が読み取れます。学校を卒業して、その後、ニートになり、なかなかニートから抜けることができずに年をとってしまっている人が、増えていることを示しています。

二〇〇万人超のフリーター

次にフリーターについて考えてみます。フリーターの数の推移を見ると（図4-2）、一九八二年は五〇万人でした。それが二〇〇〇年代に入って、二〇〇万人を超えています。ここ二〇年ぐらいで四倍以上も増えていることがわかります。

図4-2は厚生労働省の値ですが、内閣府の調査では、二〇〇二年の数値で、何と四一七万人となっています。

表4-1　学歴別フリーター構成比(%)

	男性					女性				
年	1982	1987	1992	1997	(2001)	1982	1987	1992	1997	(2001)
小学・中学	29.1	25.5	25.6	21.1	71.3	13.2	14.7	14.7	9.4	65.0
高校・旧中	53.7	58.4	58.2	56.2		51.8	55.2	54.9	53.2	
短大・高専	5.0	6.1	7.4	10.1	16.3	25.6	22.3	23.2	28.8	26.8
大学・大学院	12.2	10.0	8.8	12.5	12.5	9.3	7.8	7.1	8.4	8.0
無回答	0.0	0.0	0.0	0.1		0.0	0.0	0.0	0.1	

出所：小杉礼子，堀有喜衣「若者の労働市場の変化とフリーター」小杉礼子編著『自由の代償　フリーター』

すでに四〇〇万人を超えているのです。これは、定義の違いによるものです。内閣府も厚生労働省も、ニートと同様に一五～三四歳の者を対象にしていますが、厚生労働省の場合は、自ら希望して正社員にならない人をフリーターとしています。一方、内閣府の場合、正社員でない人を対象としており、そこには家事手伝いや求職中の若者なども含まれています。したがって、広義のフリーターであれば内閣府の数値を取り、狭義のフリーターであれば厚生労働省の数値を取る必要があります。

多くの者はやむをえずフリーターに

では、どのような人がフリーターとなっているのでしょうか。まず学歴別の構成比を示した表4-1を見ると、中卒や高卒の者が男性七一・三％、女性六五・〇％（二〇〇一年）と圧倒的に多いことがわかります。一方、大卒のフリーターも男性一二・五％、女性八・〇％もいますが、相対的に見れば、学歴の低い人たちの方がフリーターになる可能性が高いことがわかります。

若者の意識に注目してみますと、一般的には、自分から進んでフリーターを望む人と、やむをえずフリーターになっている人の二つに分けられるでしょう。前者の場合は、自分の好きな時に仕事をして、他の時間は、自分の好きなことをしたいと望む者で、フリーターを積極的に評価する見方です。たとえば音楽家を志望している若者が、アルバイトで所得を得て、働いていない時間は音楽活動や練習に打ち込むといった例がわかりやすいでしょう。いわば「夢追い型」と言われるタイプです。自分の好きなことをやるために、生活していける分だけアルバイトで所得を得ようというタイプです。

当初、フリーターという言葉が注目された際は、この「夢追い型」としてとらえることが多かったのですが、現在では、やむをえずフリーターになっている場合が多いのです。第5章2で詳しく論じますが、フリーターの多くは、実は正社員を希望しているのです。

第2章2でも述べましたが、現在の日本社会では、一度フリーターになってしまうと、その後、フルタイマーに容易には転換できません。いま日本の景気は回復過程にありますが、それでも、企業はフリーターを積極的に正規社員に転換しようという行動には出ないことを説明しました。企業は新しく労働者を採用する際には、新卒や「第二新卒」という転職希望者をフルタイマーで採用しようとします。先述したように、企業はフリーターをはじめとする非正規労働者には、労働コストを下げるなどのメリットがあることを経験しています。また、一度フリーターになった者を、企業側は、勤労意欲が低く、仕事の熟練度も低い者と見ます。したがって、ここでも正規社員として雇うメリットを感じないのです。

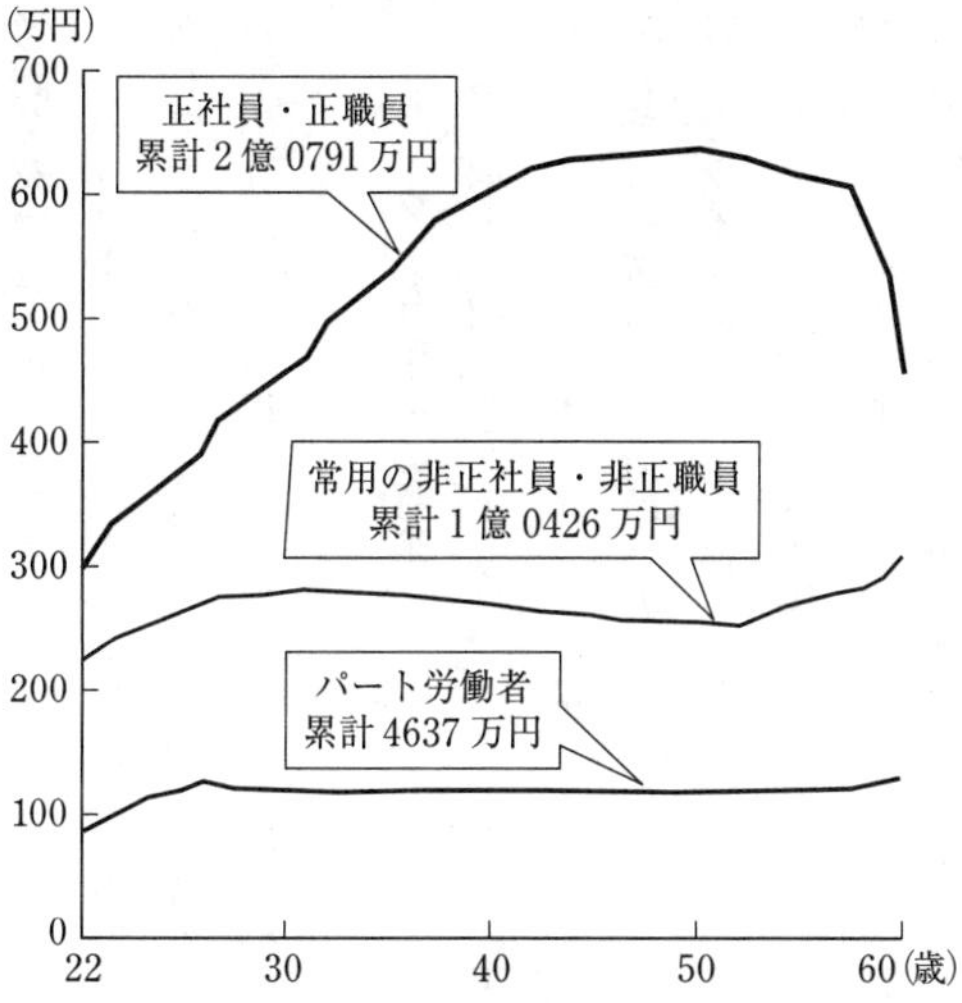

出所：厚生労働省「賃金構造基本調査」.『週刊東洋経済』2006年5月13日号より

図4-3　正社員，非正社員，パート労働者の生涯賃金比較

フリーターを続けた場合の生涯賃金

若者がフリーターに甘んじざるをえない状況が続いた場合、問題になってくるのは所得のことです。図4-3は、正社員として働き続けた時と、パートや常用の非正規労働者として働き続けた時に、二二歳からスタートし、将来どれだけの生涯賃金を得るかという推計です。常用の非正規労働者がフリーターの概念に近いでしょう。それによると、まずパート労働を続けた人の生涯賃金は四六三七万円。一方、常用の非正規

労働を続けた人が一億四二六万円。正社員として採用されて仕事を続けた人は、二億七九一万円という結果が出ています。この推計から判断すると、フリーターを仮に常用の非正規労働者としてとらえたとしても、正社員の生涯賃金の半分でしかないことがわかります。一生涯においてこれだけの所得格差が生じることは異様なことと言わざるをえません。

フリーターとニートの将来

第3章1で紹介したように、フリーターの平均年収は一四〇万円です。すなわち、多くのフリーターが最低限ギリギリの生活ができる程度の所得しかないのです。そうした生活がずっと続いた時、彼らの生活はどのようなものでしょうか。家族を持ち、子どもを持つといった、一般的なライフスタイルも難しくなってしまいます。

さらに言えば、ニートの場合はどうでしょうか。彼らは、ある意味でフリーター以上に深刻でしょう。なぜなら、彼らは働いておらず、所得を得ていないのです。多くの場合は、親の経済的支援に頼っているのが現状です。しかし、親が健在のうちはよいのですが、親が病気になったり、あるいは、亡くなったりした場合はどうでしょうか。彼らは、一気に貧困層へと転換してしまいます。そして、その危険性のある人が、現在、六〇万人以上もいるということなのです。フリーターもニートも、何らかの対策を行わなければ、将来、貧困者を多く生むという意味で、深刻な事態を招くことは明らかです。この対策については、第5章2で述べます。

4　階層の固定化と人的資源の危機

格差拡大と階層の固定化

第3章5で、機会の不平等化が進行していることを述べました。そのなかで、親の所得や階層、職業などが、子どもの教育水準などに影響を与え、やがては子どもの階層、職業を決定してしまうという現象が増えてきているということを考察しました。では、大局的に日本の将来を考えた時に、このことによりどういう問題が起こりえるのかを考えてみます。

格差拡大を容認する考えの多くは、競争を活性化させて、経済効率を上げる必要性とセットになっています。しかし、格差が拡大を続け、不平等化が進行すると、結局は、親の階層を子どもが受け継ぐというような階層の固定化に向かう恐れがあります。そうなれば、本来、目指していたはずの競争の活性化は、逆に抑えられてしまうという矛盾を生むことになります。

政治家の息子とプロ野球選手の息子

階層の固定化の問題について、わかりやすい例で説明しましょう。第3章5で述べたように、現在、政治家のかなりの数が二世、三世議員となっています。象徴的に言えば、小泉首相の後を継ぐ自民党の総裁選挙で、二〇〇六年六月の段階で候補となっていた「麻垣康三太郎」と言われる五人の政治家(麻生太郎、谷垣禎一、福田康夫、安倍晋三、河野太郎)は、親あるいは祖父が国会議員です。親が政治家で子どもも政治家というのは、一つの階層固定化の典型例です。

もう一つ、政治家とはまったく違う職業の例を出してみましょう。プロ野球選手です。プロ野球の世界にも、多くはありませんが、父親がプロ野球選手で息子もプロ野球選手という例があります。代表的には、巨人の監督を務めた長島茂雄氏と、南海やヤクルト、阪神そして現在は楽天の監督を務めている野村克也氏がいます。彼らの息子はいずれもプロ野球選手となりました(長島一茂氏、野村克典氏)。野球ファンなら誰でも知っているように、父親はいずれも名選手、名監督でした。

息子はいずれもドラフトで指名されましたが、マスコミは、あの名選手の息子がプロ野球入りということで大いに注目し、国民の間でも話題になりました。また、球団関係者にとっても、そうした親の知名度は、ドラフトで指名する際の大きな動機付けとなったでしょう。そうしたことを考えれば、彼らは親の功績により、他の選手よりも機会がより与えられ、プロ野球選手になるには有利なポジションを与えられたと言えるでしょう。すなわち、これも階層固定化の一つの例と考えられます。

政治家は簡単に能力が測れない

このように、政治家とプロ野球選手を、階層の固定化をわかりやすく説明する例として挙げましたが、この二つには明らかな違いがあります。

プロ野球選手となった長嶋一茂氏と野村克典氏は、父親ほどに野球選手の能力には恵まれていませんでした。その結果、注目されはしましたが、野球選手としては、それほど目立った活躍はできませんでした。長島一茂氏は、その後、プロ野球選手を辞めてタレントとなりました。野村克典氏は、現在、父親が監督を務める楽天の選手となっていますが、マスコミや野球ファンも以前のように彼に注目することはほとんどありません。このように、野球選手の場合には、たとえ親の地位が最初の段階で子どもに有利に働いたとしても、その後の息子の地位は本人の能力と努力次第ということが言えます。野球の能力が優れているかどうかは、目に見える形ではっきりと判断できるからです。

一方、政治家の場合はどうでしょうか。現在の状況を見る限り、親が政治家であれば、子どもが政治家になることに有利となります。親の後援者、人脈、そしていわゆる地盤などを受け継ぎ、息子、あるいは娘も政治家となるケースは珍しくありません。しかし、野球選手の場合と同じく、親が優秀な政治家であっても、子どもが優秀な政治家とは限りません。にもかかわらず、野球選手とは違って、わかりやすい形でその能力を判断することは難しいのです。したがって、プロ野球選手の息子の場合のように、自然に淘汰されるということはありません。

階層の固定化をどう考えるか

いま、わかりやすい例で説明しましたが、これが階層の固定化に対する危惧なのです。その地位、職業などに適していない人が、親の力を背景にその地位、職業に就くということが、競争の活性化につながるのでしょうか。本来、政治家に向かない人が政治家になったとしたら、あるいは、本来、政治家にふさわしい人が、はじめから政治家になる機会が与えられていなかったとしたら、これは社会にとって、あまり良いことではないと考えます。特に政治家の場合には、親が政治家という理由のみで、もし無能な政治家が誕生し、万が一その人が指導的な地位の政治家になったのであれば、国民にとって危機的な状況さえ引き起こす可能性もあります。人的資源の活用という点でも、マイナスの効果をもたらすでしょう。

すでに第三章の図3-3で、多くの職業でこの階層固定化が見られることを示しました。大なり小なり、様々な職業で人材の最適な配分がなされていない可能性があるとも言えます。

イギリスという階層社会

ここで、視点を外国に向けてみましょう。もちろん、外国には階層社会が体現されている国もあります。ヨーロッパの中でもイギリス、フランスなどは、階層社会の代表でしょう。すなわち、親が貴族であれば子どもも貴族。親が高所得者であれば、子どもも高所得者。親がホワイトカラーであれば子どももホワイトカラー。親がブルーカラーであれば子どももブルーカラー。このように階層が固定化されて、世代を超えて続いているのがイギリス社会です。

私は若い頃(一九八〇年頃)、イギリスに留学していたことがあります。その時に「ワーキングクラス」という言葉をいろいろなところで日常茶飯事に耳にしました。そして、人を判断する時に、その人の階級を話題にするような会話を日常生活の中で聞き、ショックを受けました。つまり、イギリスの場合は階級が厳然として存在しており、日常生活に浸透し、人を見る際の大きな要素になっているのです。

階級間では、言葉も違います。同じ英語でも、たとえば、ブレア首相のようなエリートは、いわゆるオックスブリッジの奇麗な英語を使います。一方、有名サッカー選手のベッカムは、典型的なワーキングクラスの英語を使っています。私のような外国人でも、ブレア首相とベッカム選手の使っている英語の差はわかります。このように階層、階級が社会に奥深く根付いているのです。もっとも、ベッカム選手はたとえ話す英語が美しくなくとも、本人の能力と努力でサッカー選手として成功し、高額な所得・資産を得ているのだから、むしろ成功者として評価すべし、との声もあるでしょう。

こういう階層社会をどう考えるべきでしょうか。私個人は、階層が固定化し、本人の意思、能力が反映されない社会は、あまり望ましい姿だとは思いません。ただし、これは価値観の問題でもあります。日本社会は、現在、そのような階層固定化に向かいつつあります。このまま格差を拡大させて、日本を階層固定化社会へと誘導するのか。あるいは、階層固定化を緩和させるために、格差を是正するべきなのか。国家の将来像にかかわる大きな問題です。

5　格差をどこまで認めるのか

格差は必ず存在する

格差が拡大し続けると、どういう問題が考えられるのかをここまで論じてきました。本章の最後に格差を原理的に考えて、どのような社会が望ましいのかを論じたいと思います。

どこの世界にも格差は存在するということは、事実です。その意味で、小泉首相の「格差はどの社会でも存在する」という発言は、百パーセント正しいと私は判断します。格差がゼロの社会というのは、世の中にはありえません。世の中には有能な人とそうでない人が存在し、人の間には能力の格差が必ず生まれます。また、一生懸命頑張る人と怠ける人、健康な人と生まれ持ってハンディを背負った人などなど、能力、性格、健康などいろいろな格差が、世の中に存在しています。しかし、そうした格差を百パーセント容認し、すべて自己責任とすべきだとは、私は考えません。したがって、どこまで格差を容認するかということが問題となります。しかし、一方で、これは、個人の考え方、価値判断に大きく作用されます。

格差に対する二つの考え方

格差はどこまで認めればよいのでしょうか。この質問に対して、二つの考え方があります。一つは、格差の上層と下層の差に注目する考え方です。上層と下層の差をどこまで縮めればよいのか、あるいは縮める必要がないのか、と考える方法です。この場合、上層と下層の差に注目するので、貧困者が存在することは容認します。もう一つは、下層が全員貧困でなくなるためにどうすればよいか、という考え方です。上層と下層の差の存在を認めつつ、貧困者がゼロの世界を想定するものです。

私の価値判断は、どちらかといえば後者の考え方を支持しています。なぜなら、すでに述べたように、貧困が増えることに大きな問題があると見なすからです。

有能な人が報われる社会

一方で前者の考え方には、格差を縮めることに重きを置かないものもあります。たとえば、有能な人、頑張る人が報われるような社会が良いといった主張が様々なところで見受けられます。これは、私も賛成です。有能な人、頑張る人が意欲を持てるようにすることは、文化や技術、経済の発展に貢献するでしょう。したがって、そうした人たちがやる気をなくさないように、そうした人たちに報いる必要はあると思います。

ここで、有能な人、頑張る人が報われるべきだという考え方が強い国、アメリカを例に考えてみましょう。アメリカというのは、自立心を尊び、リスクをいとわず、競争をこよなく愛し、努力する人に報いる精神が強い国家です。アメリカでは、企業の社長の所得が莫大な額に上ることが珍しくありません。非常に厳しい競争社会を勝ち抜いた成功者である社長の年収は、一般社員の一〇〇倍を超えているのです。日本の社長の所得は、大企業でも一般社員のせいぜい一〇倍前後なので、アメリカの社長と一般社員との所得格差は驚くべきものです。有能な人、頑張った人には、高い報酬で報いるという典型的な例です。

しかし、ここで重要な論点が出てきます。アメリカではとことん競争が追求されますが、競争には必ず勝者と敗者が存在します。その敗者をどう扱うかということが、問題となります。

それからもう一つ重要な点は、競争は機会の平等によって、全員が参加するべきだという考え方を紹介しました。しかし、世の中には、そもそも機会の平等が与えられていない人も多いのです。たとえば病弱の人、身体的にハンディを持っている人など、競争に始めから参加できない人がいることも、忘れてはなりません。

このような論点を踏まえた上で、どこまで格差を認めるのかということは、国民の判断に任されることとなります。したがって、格差のあり方をめぐって、それを選挙の大きなテーマとして問うという方法も考えられます。たとえば、イギリスでは、保守党と、いわゆる社民勢力である労働党の左右両政党が存在しています。傾向として、保守党は格差の拡大は大きくてもいいと考え、労働党の人たちは格差はできるだけ小さい方がいいということを支持します。国民は、選挙の時々で、保守党を選んだり、労働党を選んだりしています。ある意味で格差も含めた政策が、選挙で問われているとも言えます。

格差と企業の生産性

一方、経済学者としては、次のようなことに関心を持ちます。たとえば、先述したようにアメリカの社長は一般社員の所得の一〇〇倍以上だと述べました。イギリスもそれに近いですが、その他の国々では、そこまでの格差は珍しいです。仮にある国のある企業の場合、社長と一般社員の所得格差が一〇倍だとします。一〇〇倍の差のある企業と、一〇倍の差のある企業と、どちらの企業の生産性が高いのかということに、経済学者としては関心を持ちます。このことを実証することは不可能ではないでしょう。

一つ例を挙げましょう。アメリカのクライスラー社と、ドイツのダイムラー・ベンツ社が一九九八年に合併し、ダイムラー・クライスラー社が誕生しました。両社が合併する時に、社長の所得をどのようにするかについて議論がありました。ドイツはアメリカと違って、一般社員と社長との所得格差はそれほど大きくはありません。当時はドイツの自動車業界の方が強く、アメリカの自動車業界が衰退していました。そのために、結局は、ダイムラー・ベンツ社がアメリカの社長の所得は高すぎるということを批判して、ドイツの社長の所得に合わせようとしました。これは、格差をめぐって、企業のあり方が問われた例でもあります。

経済効率、生産性の面から、一〇〇倍がいいのか一〇倍がいいのかは、経済学的にも実証できる問題だと思います。同じ自動車業界の例で言えば、今日、トヨタは世界に冠たる効率性の高い自動車メーカーであることは疑いがないでしょう。トヨタの社長の所得は、アメリカの社長よりも相当低く、一般社員との格差も小さいと思います。トヨタは非常に効率性の高い生産性を持っているということを考えると、社長と一般社員の所得格差は小さい方がいいかもしれません。もっとも、これは推論でしかありません。しかし、これらについて数値を用いて、厳格に検証するのも経済学の役割と言えるでしょう。これについては、第5章でも検証します。

第5章　格差社会への処方箋——「非福祉国家」からの脱却

格差の拡大によって、様々な問題が引き起こされることを述べてきました。では、実際に、この格差というものをどう是正したらよいのでしょうか。格差社会が生み出す問題に対して、私が考える具体的な政策提言を掲げ、最後の章としてまとめたいと思います。

1　競争と公平の両立

結果の平等から「効率性と公平性」を検証する

第4章1で、効率性と公平性のトレードオフが、必ずしも成立しないことがあると述べました。そのことを、さらに詳しく説明しましょう。

私たちは、自由主義経済の中に生きています。したがって、競争が有効な概念であるということは認めざるをえません。労働者間の競争は労働者の能力と意欲を高め、企業間の競争は企業の生産性を高めます。一国の経済効率も、こうした競争があってこそ高められるのです。しかし、競争の行き着くところでは、勝者と敗者が必ず生まれます。そして、その両者の間には格差が生じます。競争によって効率性が高められる一方で不平等が進行する、すなわち公平性が損なわれるわけです。この「結果の不平等化」に注目すれば、効率性と公平性はトレードオフの関係にあると言えるでしょう。

そのことを示す有力な証拠もあります。たとえば、第2章4でも触れましたが、イギリスのサッチャー首相、アメリカのレーガン大統領による経済改革です。彼らは、規制緩和による競争の促進、大幅な減税、福祉の見直しといった政策を行い、一九七〇年代後半から八〇年代にかけて、最悪の状態にあったそれぞれの国の経済を立て直すことに成功しました。しかし、これも前述しましたが、同時に所得分配の大きな不平等化が進行することとなったのです。

このイギリス、アメリカの例は、経済の効率性と公平性がトレードオフの関係にあることを示す有力な証拠になると思います。すなわち、経済政策によって経済効率は高まったが、公平性が犠牲となってしまったと解釈できます。

機会の平等・不平等から「効率性と公平性」を検証する

しかし、結果の平等・不平等とは別の視点から見た場合、効率性と公平性のトレードオフに関して別の結論が導かれてきます。すなわち、それは、機会の平等・不平等からの視点です。機会の平等・不平等というのは、人々が教育を受ける、職業に就く、企業で昇進するといった際に問題となります。公平性が高いということは、機会の平等が保たれていると理解できます。

では、逆に機会の平等がない社会を考えてみましょう。機会の平等がない社会では、誰もが競争に参加できません。有能な人、頑張れそうな人を競争に取り込まないという懸念が生じます。そのような人が、教育を受けられなかったり、職業に就けなかったり、仕事をさせてもらえなかったり、昇進できなかったりといった具合に、そもそも競争に参加できずに、力を発揮することができないとしたら、これは経済効率の面から見てもマイナスとなるでしょう。なぜなら、本来は経済効率を高めるのに貢献するだろう人々が、排除されているからです。

このように、機会の平等・不平等の視点から効率性と公平性を検証すると、機会の平等性が達成されることが、むしろ経済の効率性を高めると結論づけられます。したがって、機会の平等・不平等から公平性を理解した場合は、効率性と公平性はトレードオフの関係にはないと解釈できます。むしろ、公平性を増すことによって、効率性も増すと解釈できるのです。

日本における効率性と公平性

このように効率性と公平性にトレードオフの関係があるかどうかは、視点を変えることによって、二つの違った結論が導かれます。では、日本社会において、この効率性と公平性のトレードオフが成立しているのでしょうか。このことを、次に考えてみましょう。

日本社会でも、経済の効率性を目指して、所得税の減税を行ってきました。繰り返し述べていますが、高い所得を得ている有能な人の勤労意欲を失わせないためです。高所得者の要求に政府が応えた形です。さらに、貯蓄を促進するために、資産課税への減税政策も行ってきました。貯蓄を促進することで、日本の資本蓄積を充実しようという動機です。では、はたして、こうした動機と政策は実態に即したものなのでしょうか。すなわち、高い税を取られると勤労意欲が失われ、貯蓄が減るのでしょうか。私は、この問題を実証的に研究してみました。

その結果によると、日本において高所得者が高い税金を取られても、勤労意欲を失ったという実際の証拠はありません。私の見るところでは、高所得者たちが減税しろと主張したのは、ただ税金を払うのが嫌だというだけであり、税金を低くしたから勤労意欲が高まるという事実は証明されていません。税金の高低にかかわらず、今までも、日本国民は少なくとも勤労意欲は高かったというのが私の評価です。すなわち、税の高低によって、労働供給に効果は現れていないのです。また、日本国民の貯蓄行動を見る限りにおいても、利子や配当の課税とはほとんど無関係に、貯蓄行動を行ってきています。すなわち、ここでも税の高低は貯蓄行動に影響は与えていません。

したがって、有能な人、高い所得の人の勤労意欲を阻害してはいけない、あるいは資本蓄積にマイナスがあってはいけない、というような動機に基づいた税制の改革は、実証研究においては支持されないと、私は判断します。このことはいくつかの学問的研究によっても確認されています。逆に言えば、仮に税が高くても、高い勤労意欲、あるいは高い資本蓄積は保てるということです。言い換えれば、日本経済は、効率性と公平性の両立を目指すことが可能だと判断できます。

効率性と公平性を達成している北欧

実際に、経済の効率性と公平性を達成している国があります。それは、現在の北欧です。すでに見たように北欧は福祉が充実し、分配の平等性も高いので、公平性が高いと言えます。なおかつ経済の好調も続いています。すなわち、効率性と公平性の双方を達成しているのです。

フィンランドのノキア、スウェーデンのエリクソン、ボルボなど、世界的にも有名な企業が活躍し、経済効率性は非常に高いと言えます。と同時に、国民の教育水準も非常に高く、勤労意欲も高い。皆で共同して経済効率を高くしようという意欲が感じられます。確かに、北欧は一九八〇年代に、経済が悪化し、福祉政策を見直した時期もありました。すなわち行き過ぎた高福祉が批判を受けたのです。しかし、その後、再度、政策を転換し、現在の福祉国家を存続させています。このように、現在の北欧では、効率性と公平性の両方を達成していると考えられます。

高い税負担や社会保障負担が、高い福祉を保障することによって、国民への安心感を与えることに寄与していることも強調しておきましょう。したがって、高い勤労意欲も保持させることができるのです。このように、高福祉・高負担というあり方は、日本の将来を考える上で大きな参考になるでしょう。先述したように、日本国民は、少なくとも税が高いからといって勤労意欲や貯蓄意欲を失うことはないのです。したがって、北欧のような生活を、日本は実現できる可能性があると、私は考えています。

北欧的な高福祉・高負担に対する日本での反対意見には、これらの国は小国だから国民の間の連帯感も強いので、政策が機能しやすいのであって、日本のような大国では無理だとするものがあります。その側面があることを否定しませんが、政策のやり方によっては北欧型は可能であるし、努力して国民のコンセンサスを得るようにすることは可能でしょう。

2　雇用格差を是正する

低所得労働者の救済

すでに述べたように、格差の問題を考える際に、私は格差の下層にいる人に特に注目すべきだと考えます。すなわち、貧困者の数をできるだけゼロに近づける努力が、格差社会にあっては重要だという考えです。

第2章2で述べたように、雇用における変容が、今日の日本の格差社会に大きな影響を与えています。正規労働者と非正規労働者との間に代表される、雇用に広がる格差がその背景にあります。したがって、今日の雇用における下層、すなわち低所得労働者をいかに救済するかが重要だと考えます。ここでは、雇用に関して私の考える政策を具体的に提案したいと思います。

職務給制度の導入

第一に、私が提案したいのは、同一労働・同一賃金の考え方の導入です。すなわち、正規労働者であろうと、非正規労働者であろうと、同じような仕事であれば、一時間あたりの賃金はできるだけ同じにするという政策です。

この考え方は、「職務給制度」と言い換えることもできます。職務給制度とは、各人がどういう仕事に就いているか、どういう職務を行っているかということを明確に認識した上で、同じような仕事をしている人に対しては、一時間あたりの賃金を同一にするというものです。したがって、フルタイムで働いていようが、パートタイムで働いていようが、一時間あたりの賃金は変わりません。一時間あたりの賃金が同じなら、総賃金の差は労働時間による差だけになります。そうすれば、賃金の公平性を保つことができ、結果として、非正規労働者の所得を上げる効果も生むことと考えます。

オランダのワークシェアリング

こうした政策を採用した国の例として、オランダがあります。オランダでは、一九八〇年代に失業率が非常に高まりました。失業率が一〇％を超え、国民の間にも危機意識が広がることとなりました。そこで、失業率を低くするためには、どういう政策を採ったらよいかを、労使が真剣に協議をしました。その結果、フルタイムで働いている人たちが仕事を譲って、失業している人たちを、少なくともパートタイムで働かせることに合意を得たのです。すなわち、ワークシェアリングの導入です。その際に採用したのが、同一労働・同一賃金です。フルタイム労働であれ、パートタイム労働であれ、同じような仕事であれば、一時間あたりの賃金を同じにするというものです。これを法律として制定したのです。その結果、失業率は、現在では二～三％と大幅に削減されています。

このオランダのワークシェアリングは、別名「一・五経済」とも呼ばれます。オランダは、ヨーロッパ諸国では珍しく専業主婦の多い国でした。しかし、結婚や子育てなどを理由に家庭に入っていた女性が、このワークシェアリングの導入によって、再び社会に出ることを促したのです。「一・五」というのは、夫がフルタイムで働き（すなわち一）、妻が子育てなどをしながら、パートタイムで働く（〇・五）ことを意味しています。ワークシェアリングおよび同一労働・同一賃金政策によって、このことが可能になったのです。

日本でも、戦後一時期、職務給制度を導入しようとする機運がありました。しかし、日本では職務給制度が入らずに、いわゆる年功序列制や生活給制度が導入されて主流になったという歴史があります。現在のように、正規労働者と非正規労働者の所得格差が広がり、しかも非正規労働者の中には、生活できるだけの所得を得られないケースも少なくないといった状況を前にして、私は、一つの政策として職務給制度の導入を、もう一度考えてみる必要があるのではないかと考えています。

最低賃金制度の改善

次に私が提案するのは、最低賃金制度の充実です。第3章2で、日本の最低賃金が低すぎること、しかも最低賃金制度と生活保護制度の逆転現象さえ起こっていることを指摘しました。最低賃金が低い上に、最低賃金以下で働いている人の数も結構多いのです。したがって、最低賃金をアップさせることが、低所得労働者の改善につながると思います。

では、最低賃金制度を充実するためには、どういう点が重要になってくるのでしょうか。第一に、労働者と経営側が、企業が生産活動を行ったときに発生する付加価値をどう配分するかという問題です。すなわち、労働者、経営者、株主に分配する比率をどう決めるかということです。労働側にどれだけの比率が分配されるかを、通常「労働分配率」と呼びます。今日、日本では労働分配率が低下傾向にあります。どこの国でも、不景気になると労働分配率が低下する傾向があり、日本も例外ではありませんでした。この低下している労働分配率を上げる政策が必要だと考えます。これは労働者の生活を守るという意味でも必要です。労働分配率を上げることは、最低賃金額を上げることにもつながります。

第二に、労働分配率を上げた時の、労働者間での分配をどうするかという問題です。これに対する私の主張は、高賃金にいる人には、ある程度、犠牲になってもらい、積極的に低所得者の分配率を上げ、最低賃金の上昇へつなげるべきだということです。

なぜなら、企業の現状を考えるならば、高賃金の人たちの賃金を保ちながら、低賃金の人たちの賃金を上げることは、現実的には困難であると判断せざるをえません。したがって、高賃金の人に多少の減額があったとしても、その分で低賃金の人の所得を上昇させる努力が必要でしょう。

これは、先述したオランダのワークシェアリング(フルタイム労働の高賃金者が、パートタイム労働の低賃金者に職を譲る)にも似た考え方です。実は日本でも、四、五年前に失業率が高まった時に、ワークシェアリングの導入が様々なところで主張されました。しかし、結果としては、ほんの一部で導入されたにすぎず、掛け声だけで終わり、定着することはありませんでした。

こうした過去の経験を見る限りでは、高賃金の人の減額によって、低賃金の人の賃金を上昇させるという私の提案は、受け入れられない可能性が高いです。その場合でも、第一の方法として述べた労働分配率を上げる際の七割から八割程度は、低賃金の人に回す必要があると考えます。

第三に、最低賃金がアップすると、企業が雇用を削減する恐れがあるという見方にどう応えるかという問題です。最低賃金を上げるということは、経営者側から見れば労働費用が高まるということです。したがって、企業は雇用を削減せざるをえなくなり、失業者が増えるという見方です。

しかし私が実証的に研究したところでは、日本においては最低賃金を上げても、雇用が減るということはありません。なぜ日本において、最低賃金を上げても雇用にそれほどの悪影響が発生していないかについては、私と浦川邦夫氏による共著『日本の貧困研究』(東京大学出版会、二〇〇六年)で詳しく述べています。ちなみに、そこでは、最低賃金を上げれば、賃金分配を平等にする効果があることも示しています。

以上のように最低賃金を上げる上で重要だと考える点を述べました。最後にややエモーショナルなことを付け加えておきたいと思います。最低賃金を上げることを嫌がる経営側に対して、私は次のように問いたいです。「あなたの息子(あるいは娘、妻)が時給六〇〇円、七〇〇円で働

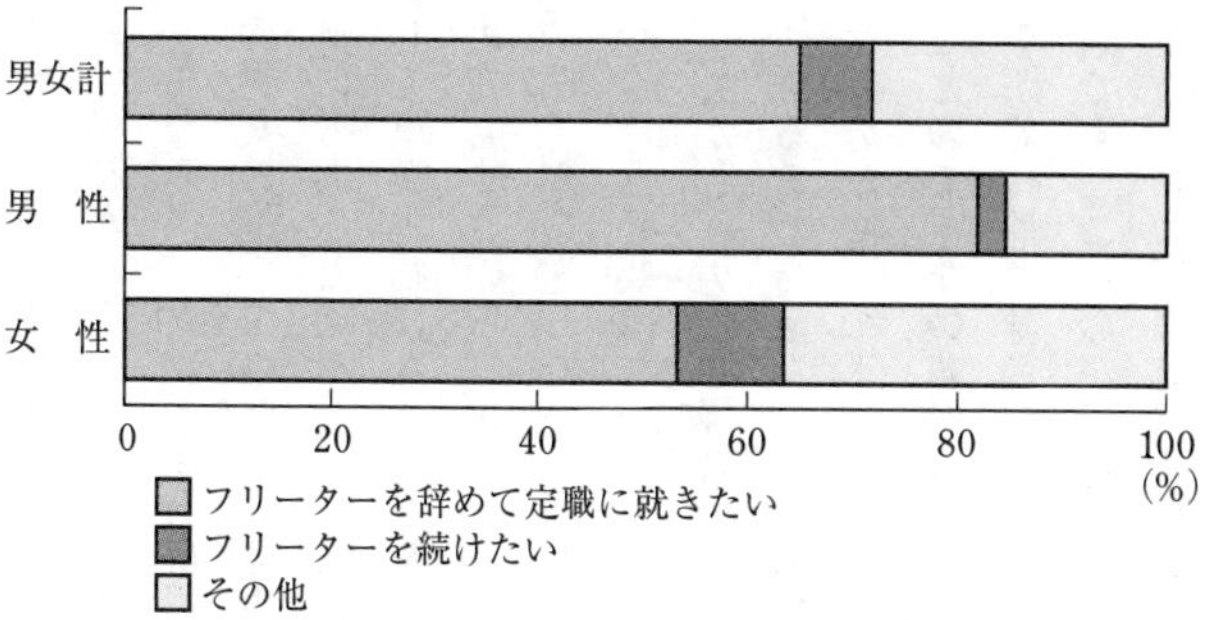

出所：リクルート ワークス研究所「アルバイターの就労等に関する調査」(2000年)より作成

図 5-1 性別で見たフリーターの今後の職業生活についての希望

いていることを知ったら、あなたはどう思いますか?」と。六〇〇円、七〇〇円の賃金では、とても食べてはいけません。自分の息子が、そうした働き方をしていることに、何も感じない人はいないと思います。その感情を私は経営側に持ってほしいと述べておきます。

若者は脱フリーターを望んでいる

次に低所得労働者の若者の代表であるフリーターへの対策を述べたいと思います。

第4章3で、やむをえずフリーターになっている人が多いということを示しましたが、逆に言えば、大半のフリーターは、できれば定職に就きたいと希望しているのです。図5-1は、現在フリーターをしている者に、今後の職業生活について、男女別に調査したものです。それによると、男女計でおよそ七〇%の人たちが、フリーターを辞めて定職に就きたいと考えていることがわかります。男性にいたっては、八〇％超が、そのように考えているのです。

ちなみに、女性の場合は男性の場合よりも低く、五割を少し超えた程度となっています。この男女の違いについても簡単に触れておきましょう。女性の場合には、人生の選択肢が就業以外にもあるということが考えられます。ずっと働きたいと希望する人もいれば、一方で、結婚して専業主婦になることを希望する女性もいます。後者の場合には、結婚を機に職業生活を止めてしまうので、正規社員となることを強くは望まないのでしょう。女性がどのようなライフスタイルを送りたいと望むかは、個人の自由です。したがって、このことに関して、私がとやかく言う必要はないでしょう。

しかし、男性の場合は、大多数のフリーターが、正社員となり、ある程度の所得を得て、生活することを望んでいるのです。やがては、結婚し、家族を持ち、主たる所得稼得者として家計を支えなければなりません。フリーターを続けざるをえないのであれば、将来に展望をもつことのできない若者も出てきてしまいます。結婚もできない、子どももつくらない、そうして、やがて高齢単身者となり貧困層へと転換していく。第4章3で述べたようにニートはもっと深刻です。これらが、将来、社会的にさらに深刻な問題となることは想像に難くありません。そこで、やはり対策が必要なのです。

脱ニート、脱フリーターの政策

そのためには、私は公共部門が積極的に関与する必要があると思います。なぜなら、繰り返し述べているように、企業は進んで、フリーターをフルタイマーに転換するような行動をとりません。現在、企業には職業訓練を行う財政的余裕がありません。これまでは、企業が新入社員の職業訓練を行うのが一般的でした。しかし、長期不況の影響で、企業には、もはやそうした財政的な余裕は失われているのです。また、現在、日本の労働市場は、労働移動が高まっています。転職する若者も多いので、企業側から見たら、企業自らの資金で若者を職業訓練しても、いずれ辞められるかもしれないという危惧があります。そういう点でも、企業は一部の基幹労働者の候補者を除いて、新入社員の若者に職業訓練を施さないのです。したがって、学歴の低い、職業経験の未熟なフリーター、ましてやニートを雇って、企業自らが訓練することは期待できません。

そういう状況にあっては、公共部門がフリーターやニートに職業訓練を施し、一人前の労働者にするような対策が必要だと考えます。若者の側も、訓練を受けたことによって働くことの意義を感じ、勤労意欲も高まるでしょう。こうして訓練を施された若者を企業がフルタイムで雇うことへつなげるという政策が考えられます。

フリーターしかなりえなかった世代の人々は、いわば機会の不平等のデメリットを直接受けた、と解釈することも可能です。就職先を探す時期にたまたま日本経済が大不況だったので、やむをえずフリーターになったのであれば、機会が与えられていなかったと言えます。このことを償うのは、国民の代表である政府の仕事でないでしょうか。

成功した他国の例

それに成功した例が、諸外国にあります。代表的な例はイギリスのブレア政権が行った「ニューディール政策」と言われる制度です。これは、イギリスにおける職業安定機構としての役割を果たしている機関で働いている人がアドバイザーとなり、無職の人、あるいはパートタイムでしか働いていない労働者など個々人に対して、面接を重ねるものです。そして、彼らがどれだけの訓練が必要なのか、あるいは、どういう職業がふさわしいかなどを、アドバイザーが認識し、彼らに訓練を施すことを決定したり、職を斡旋したりするのです。職業訓練については、国の費用で賄うことになっています。こうした制度を導入し、イギリスでは成功を収めました。

他の国の例も紹介しておきましょう。デンマークやスウェーデンといった国も、積極的に職業訓練のための公共支出を行っています。子どものいる者には、育児支援など(たとえば、育児休業中の所得保障)も併用しています。このように国家が積極的に就労支援策をやっている国があることを指摘しておきます。

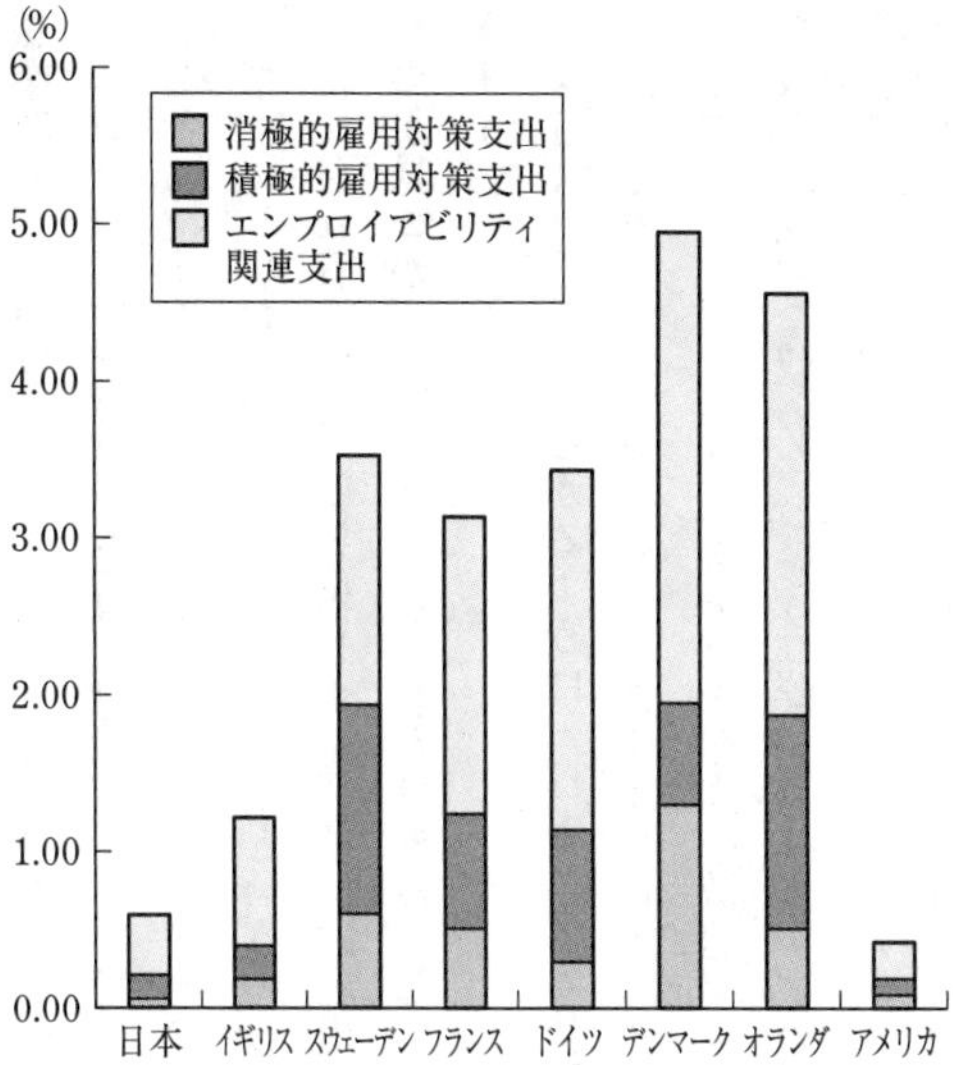

出 所:OECD, *Labour Market Policies and the Public Employment Service*, 1996–99

図 5–2 OECD 諸国の雇用関連支出(対 GDP 比率)

日本の雇用政策は国際的にも最低レベル

一方、日本ではどうでしょうか。図5-2は、日本や他の先進国が、GDP比率でどの程度の雇用関連支出を行っているのかを示したものです。図にある消極的雇用対策支出というのは、主として失業保険給付のことです。失業の間の生活保障を行うという意味で、雇用を見つけるのを間接的にサポートする支出です。積極的雇用対策支出というのは、たとえば職業訓練、職業紹介、育児支援など、失業をなくすために積極的に行われるような支出です。

エンプロイアビリティとは、労働者が企業で雇用される可能性のことを指します。たとえば労働者の技能や熟練度が高くなれば、企業がその人を採用する確率は高まるでしょう。したがって、エンプロイアビリティ関連支出というのは、その人が企業で採用される確率が高まるためになされる支出のことを指します。積極的雇用対策支出とエンプロイアビリティ関連支出は、仕事が見つかるように政府がどれだけ支援をしているかを示した数値であると考えることができます。

図5-2を見ればわかるように、日本とアメリカは、雇用関連支出が圧倒的に低いのです。GDP比率で一%以下です。アメリカと同様に日本も雇用政策というのをほとんどやっていないと言えます。イギリスもそれほど高い数値ではありませんが、先述したようにニューディール政策が成功を収めたという経験があります。いずれにしても、日本やアメリカよりは、雇用関連支出を行っています。逆に数値が高いのは、スウェーデン、フランス、ドイツ、デンマーク、オランダなどです。積極的に公共部門が雇用対策支出、あるいはエンプロイアビリティを高めるような支出をしていることがわかります。日本の数値の低さは、若者への支援策がほとんど行われていないことを物語っています。

この数値を見ただけでも、日本では、もっと公共部門が積極的に関与すべきことがわかります。したがって、私が述べたような職業訓練、あるいは他国で行っているような職業紹介などの政策を積極的に行い、雇用者数を高めるべきだと考えます。

3　地域の力を引き出す

企業誘致の基盤作り

第3章4で、構造改革や公共事業の削減などを背景に、地方が衰退していることを述べました。繰り返し述べているように、これまでの公共事業は、問題がありつつも、地方にとっては経済的支援の側面がありました。にもかかわらず、公共事業に代わる有効な地域支援策は出されていません。そのことが、地域間格差を深刻化させています。

しかし、一方で、政府に頼るばかりでは、真の地域振興は難しいというのも事実です。自治体や民間も知恵を働かせて、地方の活性化に努力する必要があります。中央からまわってきた金を、ただ地方で使っていればよいという時代は、もう終わりました。では、具体的にどのような政策が考えられるのでしょうか。私の案を述べてみたいと思います。

第一に、企業を地方に誘致し、企業活動を地方において活性化させるという政策です。現在、都市に集中している第三次産業を含めて、企業がもっと地方においても増え、なおかつ産業が活性化するような政策が必要です。企業が積極的に地方に移ってくるには、そのための基盤作りが必要です。その基盤作りに、地方自治体は、大いに知恵を働かせて、相当な努力をしなければなりません。

三重県亀山市のシャープ液晶工場

実際に成功した例がありますので、それを紹介します。私の提案の実践例として参考になるでしょう。二〇〇二年、三重県亀山市にシャープの液晶工場ができました。シャープを誘致できたのは、当時の北川正恭《まさやす》三重県知事が先頭に立って、自治体が知恵を使い努力を重ねた結果です。三重県は、土地を安く提供する、あるいは税金も安くするなど、企業にとってその地域が魅力となるような様々な政策を講じました。シャープは、こうした三重県の要請に応えて、シャープの事業として最も成長率の高い液晶工場を、三重県亀山市に作りました。工場を作れば、多数の労働者を雇わなければなりません。したがって、雇用の増加に寄与することにもなりました。

この三重県の他にも、大手自動車部品メーカーのアイシン精機が北海道の苫小牧《とまこまい》に工場を作ることを宣言しています(二〇〇七年操業予定)。あるいは、キヤノンも大分に新たな大規模工場を作る意向を示しています(二〇〇七年操業予定)。このように、三重県の亀山に続いて、大企業の工場などが地方に新設される兆しが、少しずつ出てきています。

地方が活性化するためには、企業の誘致だけでは十分ではありません。人が暮らしやすい地域をつくる必要があります。そして、地域に人を呼び、そこに居住させる。こうしたことも、地方を蘇らせる力になるでしょう。

医療、介護の充実

実は、地方のほうが大都市よりも、良好な住宅状況や交通の混雑がないということで、住みやすさにおいて優れている、ということを指摘しておきたいと思います。たとえば、日本で一番住みやすいのは、富山・石川・福井の北陸三県であるというのは、よく知られた事実です。

暮らしやすい地域作りの条件として、たとえば、病院と介護設備の充実が考えられます。日本は高齢化が進んでおり、特に地方においては、その進行の度合いが急速です。したがって、高齢者の医療や介護は、とても需要があります。にもかかわらず、地方では医者不足の声がよく聞かれます。

そこで、地方に優秀な医者がいる病院、あるいは優れた介護施設などがあれば、人は集まってくるでしょう。労働者の親であるお年寄りが病院に入ったり、あるいは介護施設に入って、その地域で安心して余生を送れるようになれば、住みやすい魅力的な地域となり、人も移りやすくなるでしょう。

そうした成功例が、秋田県鷹巣町《たかのす》にあります。鷹巣町も経済の衰退で悩んでいました。しかし一九九一年に就任した新町長が介護施設の充実など、高齢者の福祉に力を入れた町づくりをしたところ、多くの高齢者が鷹巣町に移住してきたのです。鷹巣町は高齢者が安心して暮らせる福祉の町として全国に知られることとなりました(ただし、その後、二〇〇三年に町長が代わり少し変化が生じています)。

もっとも、高齢者だけに限りません。第3章3で触れたように、産科、産婦人科、小児科の医師の不足が、全国的に問題となっています。したがって、病院、医療の充実は若い世代にとっても魅力なのです。

この他にも子どもが良い義務教育や中・高等教育が受けられるように、学校教育を充実させることなども必要です。働き盛りの雇用を確保し、その親世代の高齢者が安心して暮らせる病院、介護の充実。そして子どもも良い教育が受けられる。しかも、地方は土地も安いので、都会よりも恵まれた住環境を提供することができるでしょう。このようにして、あらゆる世代が、地方に移住してきて、地域を活性化させることが可能ではないかと考えます。

農業の育成も必要

もう一つ忘れてならないこととして、地方において農業に従事する人に、安定した生活を送れるように所得を保障する必要があります。一般に農業は生産性が高くないので、所得も低くなります。農産物の価格を補助金支給によって高くする政策ではなく、農業生産を効率的に行うことのできるような政策が必要です。たとえば、品種の改良、農機具の改善、どの農産物をどこで作るかなどの有効な農地利用策などです。これは個々の農家で取り組める政策ではありませんので、官と民(企業、農協など)の協力と支援が不可欠です。

中央も地方の自立を支援する必要がある

ここで述べた医療・介護、教育、住宅といった施設を充実し、かつそこで働く人を確保するには大変な労力と、そして何よりも財源が必要です。そこで、やはり中央による地域支援策が必要となってくるのです。小泉首相の掲げた「中央から地方へ」が単なる「地方の切り捨て」にならずに、地方が蘇り、自立することを促す政策であることが必要です。これまでのように、中央からの公共事業を当てにするのではなく、自治体やその地域の住民が知恵を出し合い、努力をする。それを助け、支えるための地域支援を中央も行うべきです。

また、地方においても財源確保のために次のような取り組みも考えられるでしょう。第一に、これまで公共事業に支出していた財源をある程度、こうした支出に回すということです。第二に、人が集まり仕事も増えれば、法人税や所得税の収入が増えるので、これらの税収をこうした支出に回すということです。そのためには、ある程度の額を中央に依存することもやむをえないでしょう。こうした取り組みによって、経済活性化の相乗効果が期待できます。

4　教育の機会を奪われない

奨学金制度と公教育改革

次に教育制度について格差是正の対策を提案したいと思います。第4章3で述べたように、ニートやフリーターの多くは中卒や高卒です。すなわち、低い学歴の若者が低所得労働者となっている場合が多いのです。また、第3章5で述べたように、現代の日本社会では、良い教育を受けられるか、受けられないかは、かなりの部分、親の階層、職業、所得によって影響されているのです。親の階層が高ければ、教育にお金をかけ、そうでなければ貧しい教育で我慢するしかない。低い階層の親の子どもが、貧しい教育を受けて、低所得労働者となる。こうした悪循環、すなわち階層の固定化を是正するためにも、教育の問題は重要です。

では、具体的にどんな政策が考えられるでしょうか。真っ先に考えられるのは、奨学金制度の充実です。教育を受けたいという人がいれば、家計の状況に作用されずに、受ける権利があります。そのためには、教育費の負担を親にばかり負わせている日本の状況は、健全なあり方だとは思えません。日本は、諸外国と比べて、奨学金制度は充実していません。日本の教育において、機会の平等が失われつつあることは、何度も繰り返し指摘してきました。機会の平等を取り戻すためにも、奨学金制度の充実が必要です。

第二に、公立学校を充実させる政策が必要です。第3章5で述べたように、私立学校(小、中、高校)が存在感を増しています。名門といわれる大学に入学させるために、独自のカリキュラムをつくり、合理的な学習を行わせている私立学校は、いま、とても人気が高いです。

しかし、公立学校に比べれば学費も高く、また、その学校に入学するには塾に通わせたり家庭教師などをつけて受験対策をしなければなりません。貧しい家庭の子どもには、とても無理です。そこで、公立学校をもっと充実させる必要があります。

たとえば、少人数学級の実現、教員の増加、あるいは優秀な教員が集まってくるためのシステムづくりなどが考えられます。そうした政策によって公立学校の充実をはかる必要がありま す。しかし現実には、先述したように教員の給料削減策をはじめ、公教育の充実とは反対の流れが起きています。

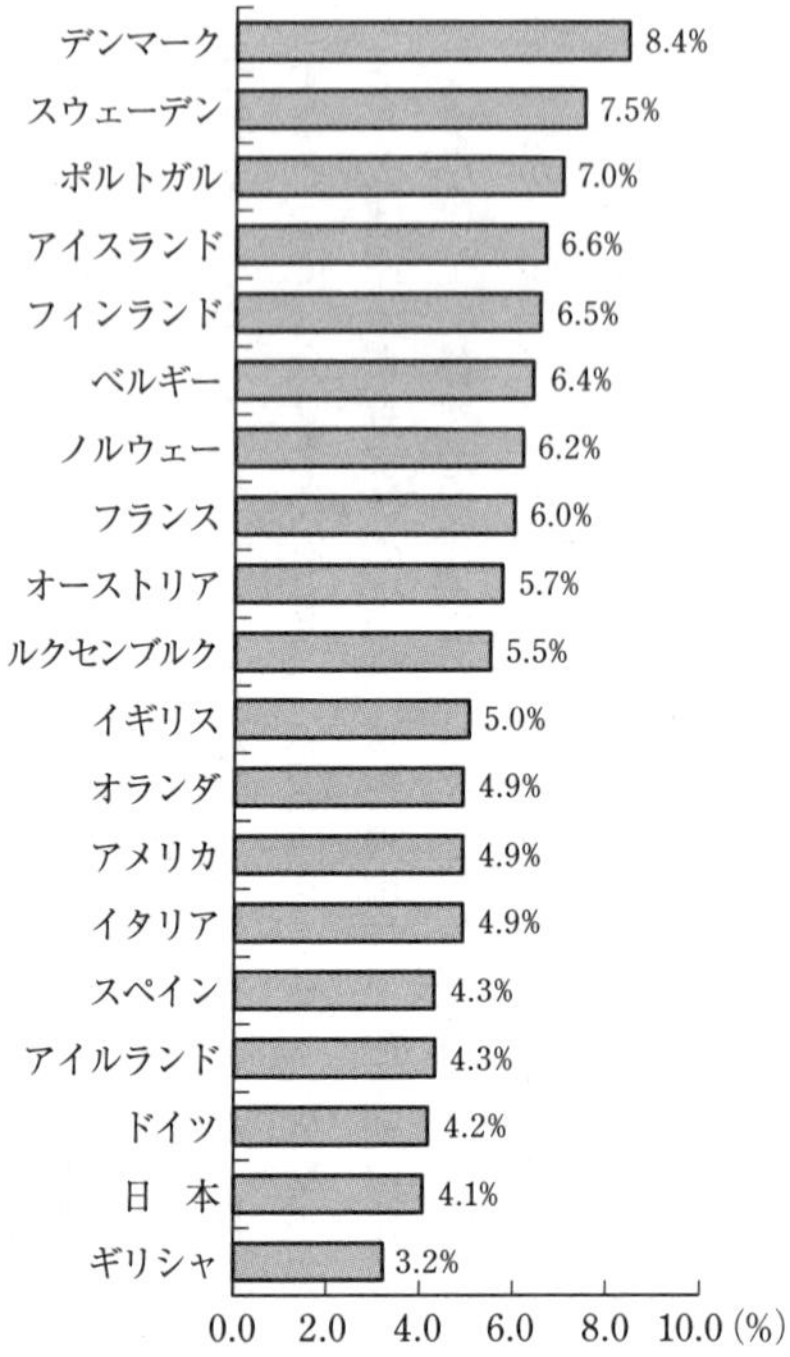

教育：初等前教育と初等教育，中等教育，高等教育，教育への補助的サービスなど．

注：数値は教育支出対 GDP(2002 ないし 2003 年)
米国は機能別分類を 9 分類(除く環境保護)
出所：OECD, *General government Accounts*, 2003–4

図 5–3　教育における公的支出の国際比較

日本の公的教育支出は世界最低レベル

こうした教育制度の改善を実現するためにも、政府は、教育支出をもっと増額する必要があります。図5-3を見れば明らかなように、対GDP比で比較した公教育の支出額が、先進諸国の中で日本は最低レベルです。すなわちフランスが六・〇%、イギリスとアメリカが約五%であるのに対して、日本はわずか四・一%にすぎません。デンマークをはじめ北欧諸国では、欧米の平均よりもさらに高い教育支出をしているのです。

そういう意味で、日本は、公教育への公共支出が異常に低い国です。にもかかわらず、現在、さらなる支出削減が進行しています。こうなってくると、日本の教育それ自体が心配にさえなってきます。どこの国でも、次世代を担う優れた国民を育成するために、公的な教育支出はある程度のレベルを確保しています。しかし、日本の現状は、そうした世界の事情とはまったく逆の方向へと向かっているのです。

近年、大学の学費が上昇していることも、すでに第3章5で述べました。私立はもちろん、公立大学に通うのにも家計の負担はとても重いものとなっています。公的な教育支出の削減は、こんなところにも影響を与えています。日本は、もっと教育支出を行うべきです。

職業教育の体制

ここまで、主に制度と財源面の話をしてきました。制度の改善と支出の増加と同時に、教育には当然、内容を充実させる政策が必要です。

たとえば、現在の日本の中等教育は、大学進学を第一の目標に掲げた教育がなされすぎています。そのため、高等学校においては、普通科高校というのが一番大きなシェアを占めています。一方、農業高校や工業高校、商業高校などのように職業教育に重点を置き、学校を卒業してからすぐに社会で役立つような教育が、あまりなされていません。生徒の数から言っても、圧倒的に普通科高校が主流です。しかし、今日の日本社会においては、学校における職業教育が重要だと考えます。すなわち、社会での仕事に結びつくような技能を身に付けておく教育体制を整える必要があります。

なぜ、そのように考えるかといえば、日本社会に大量に存在するニートやフリーターの存在です。私は、以前、フリーターの人たちがどういう高校教育を受けているかに関心を持って調べたことがあります。その結果は、普通科の中でも進学校でないような学校の出身者が、フリーターとなっている例が多いのです。このような事態が起きている原因の一つには、普通科が大学進学を目的とした教育になっている場合が少なくないからです。したがって、そこから落ちこぼれてしまった生徒には、何らのケアがなされない場合が多いのです。

それと同時に、普通科における職業教育の不在も指摘できるでしょう。大学に進学するわけでもない、かといって、社会ですぐに役立てるような技能もない。そうした若者が、ニートやフリーターになるのは、ある意味で当然の流れでもあるのです。これも繰り返しますが、かつては、企業が職業訓練を行っていましたが、もう企業にはそういう余裕はないのです。したがって、教育の中に職業訓練的な要素を導入する必要があると私は考えます。

もっとも、すでにニート、フリーターになっている人には、本章の2で述べたような、公的機関による職業訓練が考えられます。

　ここでは主として高等学校レベルを述べましたが、似たことは大学教育でもあてはまります。大学教育においてもう少し社会に出てから役立つ専門科目、あるいは実務教育の充実が必要です。昔のように社会のエリートを育てるような大学教育を準備するのではなく、大学教育が大衆化した現代においては、職業教育をもっと充実させる必要があると考えられます。

5　急がれる貧困の救済

生活保護制度の見直し

　格差が拡大するなかで、貧困者をはじめ弱者への社会的なケアが失われ、深刻な状況が起きていることを、本書の中で繰り返し述べてきました。これもすでに指摘しましたが、日本社会においては、もともと福祉を支えていた大きな担い手は、企業であり家族だったのです。しかし、構造的な社会の変化、財政的な問題によって、いまや両者が福祉を支えることが難しくなってきています。にもかかわらず、「小さい政府」を目指す流れの中で、公的な福祉はさらに削られています。社会保険料のアップと自己負担の増加、それに社会保険給付のカットが、社会保障制度における政策として、連続的に導入されてきました。こうした状況を踏まえた上で、いま、弱者の救済が急がれます。では、どのような政策が考えられるでしょうか。

まず生活保護制度に関する政策です。日本における生活保護制度の最大の問題は、本来ならば生活保護を受けることのできる低い所得しか得ていない人が、生活保護を受けていないということです。すなわち、本来、生活保護によって救済されるべき人が救済されずに、非常に厳しい生活を強いられているということです。

なぜ、そのような事態が起きるのでしょうか。まず真っ先に思いつく理由は、日本人の国民感情の問題が考えられます。すなわち、生活保護をもらうことを、恥と考えるような感情です。生活保護をもらっているなどというのは世間体が悪い、恥ずかしい。だから、生活保護の申請をしないという人もいます。これは、ある意味では、個人的な嗜好でもあるので、それほど問題ではないかもしれません。

厳しすぎる日本の生活保護基準

しかし、次のような制度的な問題が、実は大きな要素となっているのです。第一に、ミーンズテストの問題が指摘できます。ミーンズテストとは、その人が本当に生活保護を受ける資格があるのかという見地から、資産調査を伴う資格検査のことです。このミーンズテストの基準が、日本では非常に厳しいという実態があります。たとえば、貯金がある程度あるとミーンズテストが通らないとか、あるいはマスコミなどでも話題になりましたが、クーラーを買ったら生活保護の支給を打ち切られたなど、様々な事例が報告されています。

また、かつて、暴力団関係者など実際には貧乏でない人たちが生活保護支給を受けていたことなどが明るみに出たこともあります。そうしたことを契機に、本当に貧困に苦しんでいる人だけに支給されるべきだとの声が高まりました。支給の適正化が厳しく問われたことも、ミーンズテストの厳しさの背景にあります。

私はミーンズテスト自体には反対しません。国民の税金を使って生活保護支給をするのですから、生活保護を得る資格があるかどうかを選別する必要は当然あります。しかし、その基準が厳しすぎると、本来は救済されるべき貧困者が救済されないという事態が起きます。

第二に、ミーンズテストとも関係しますが、申請の手続きが非常に複雑なのです。様々な書類を用意しなければならず、手間や時間、あるいはお金がかかります。いま、まさに生活に困っている人にとっては、こうした手続きも簡単ではありません。結果として、生活保護を受けるハードルを高くしてしまっています。

第三に、家族・親族の中に支援できる能力のある人がいる場合、当局はまずそうした人たちに支援を求めることを要請するということも問題です。実際には、法律によって三親等以内の親族に支援義務があります。この条件は、ある意味では、最も深刻な要因だと、私は考えます。

日本では、伝統的に家族や親族が助け合って生活を支えてきた側面があり（その意味でも家族が福祉を担ってきたわけです）、そのこと自体は、日本という国の良さでもあります。しかし、現在では、家族や親族の援助にも限界があります。家族の構成、親族とのつながりの程度なども、ひと昔前とは大きく異なっています。したがって、まず家族・親族からの支援を受けるべきという原則を貫くのは、現代にあっては、もはや実態に則していません。ここでも、本来、救済されるべき人が、生活保護から抜け落ちてしまう可能性が高いのです。

第四に、働くことのできる世代の貧困者に対しては、当局はまず働くことを強く勧めます。このこと自体は悪い施策ではないのですが、働き口の数が少ないことや、働き口があっても賃金の非常に低い仕事しかない、ということを当局は理解すべきだと思います。

このように検証してくると、日本において生活保護を受けるための基準が、とても厳しいということがわかります。本来、生活保護をもらうべき人がもらえずに、貧困にあえぐような事態が起きる可能性が高いのです。私は、仮に現在の生活保護支給額を減らしてでも、もっと門戸を広げて、救済すべき人の対象を広げるべきだと考えます。

貧しい失業保険制度

次に失業保険制度（日本では雇用保険制度と呼ばれています）について触れておきたいと思います。

現在、日本の失業率はやや減少しましたが、過去の水準よりは高く、失業者が多く存在しています。そして、失業すると、新たな職を見つけることは容易ではなく、やがては貧困者へと転落していきます。したがって、失業保険制度の充実は、貧困者、弱者の救済にとっては、重要な問題です。

日本の失業保険は、様々な問題を抱えています。第一に、労働者の半分前後しか加入していないという現実です。すでに述べたように、失業保険に加入するためには、週あたり二〇時間以上働いていなければなりません。また、雇用期間、雇用契約が一年以上でなければならないという条件もあります。非正規労働者の多くは、こうした条件をクリアできません。その結果、失業保険に加入できずに、失業しても保険給付を受けられない人が多くなっているのです。

第二に、給付期間が短いという問題が指摘できます。給付期間は、失業保険に加入していた期間(すなわち、何年、仕事をしていたか)に関係してきます。通常、失業保険の給付期間は三カ月、長くて半年です。一年を超えて失業保険をもらえるのは、三〇年ぐらい長く勤めていた人が失業した場合だけです。したがって、ごく普通の労働者にとっては、失業保険の給付期間があまりにも短いという問題が生じています。不況の中にあって、三カ月や半年で新たな職を見つけるのは容易ではありません。

失業保険は失業者のために使われるべき

このような問題にどう対処すべきでしょうか。これも、先述した生活保護制度と同じ考え方が必要です。すなわち、失業保険に加入していない人が増大している現実がある以上、条件を緩和するなどして、労働者にもっと門戸を開くべきでしょう。給付期間についても、今よりも長くしなければ、生活苦を和らげることができず、保険としての意味も失われてしまいます。新しい仕事を見つけるためには、失業保険で支援される期間がもっと長い方が望ましいのです。

こうした政策を実現するための財源についても次のように提案しておきます。第一に、加入している労働者の保険料のアップです。失業保険制度から抜け落ちている人を救済するためには、やむをえないでしょう。

第二に、失業保険をあくまで、失業者の所得保障のために使うということです。日本の雇用保険制度では、失業給付以外にもいろいろな給付を行っています。たとえば育児休業期間中の所得保障、あるいは企業が高齢者を雇った時の賃金の補助などが例として挙げられます。こうした給付に対して、失業保険が財源として使われることが少なくありません。したがって、私は、失業保険制度は、あくまでも失業した人に対する失業給付に徹するべきだと考えます。失業以外の給付については、他の制度に移すことで確保すべきでしょう。

第三に、失業保険制度に加入していない公務員も、今日にいたっては加入すべきと考えます。

公務員にも民間企業の労働者と同じ条件で働くことを課する時代になっています。

このように失業保険制度を充実させることによって、貧困者の数の減少、ないしは貧困者の所得保障に役立つと私は考えています。

6　税制と社会保障制度の改革

税の累進度の低下

次に税制と社会保障における政策を述べたいと思います。税制と社会保障制度は、所得に直接関わってくる要素であり、所得格差に与える影響はとても大きいと言えます。したがって、税制および社会保障制度の改革は、格差社会の問題を是正するためには、必要不可欠です。

これまでも繰り返し述べてきましたが、日本においては、ここ二〇年ぐらいで、税の累進度が急速に低下してきています。所得税の最高税率は、二〇年ほど前には七〇％だったのが、いまや三七％となっています。所得税だけではなく、相続税においても累進度の低下が表れています。このように所得税と相続税の最高税率が緩和され、累進度を下げてきたことは、所得分配の不平等化に大きく貢献してきたと言えます。

逆進性の高い消費税

また、税制に関して言えば、消費税も所得分配の不平等化において重要な役割を果たしています。消費税は、基本的に逆進性のある税です。逆進性というのは、低所得者の人からたくさん税金を取り、高所得者の人からあまり税金を取らないという方式です。累進性と逆の特色です。

なぜ消費税が逆進性と言えるのでしょうか。それは、ある人の所得における消費の比率というのは、その人が高所得者であれば低く、低所得者であれば高くなることから説明できます。なぜなら、高所得者は所得から、かなりの貯蓄も行いますが、低所得者は貯蓄をする余裕などありません。したがって、所得のかなりの部分を消費に充てなくてはならないのです。すなわち低所得者の方が消費比率が高いということは、消費にかけられる税である消費税は、逆進性が高いということになります。しかも、一九八九年に消費税が導入された時の税率は三％でしたが、現在は、五％にまで上げられています。逆進性がさらに高まっていると言えるでしょう。

所得税、相続税の二つの税制度が累進度を下げており、さらに消費税も逆進性を高めています。したがって、こうした税制度の変化が、所得分配の不平等化に貢献したと言えます。

社会保障制度における逆進性

次は社会保障制度について考察します。社会保障制度というのは、具体的には年金、医療、介護、失業などを指します。国民から社会保険料を徴収して、その保険料を財源にして国民に年金や医療、介護といった形で支給する制度です。社会保険制度とも言います。ちなみに、貧困者を救済するための生活保護制度は社会扶助制度と呼ばれます。

日本の制度の特徴は、その社会保障給付の財源を、社会保険料だけに頼っておらず、税金も一部導入されている点です（社会扶助制度も税を財源としています）。たとえば、国民年金の場合、支給額の三分の一は税が充てられています。しかも、近々その比率が三分の一から二分の一に上げられることが決まっています。また、失業保険給付の二五％も税が充てられています。

社会保障制度を所得再分配効果の視点から見てみると、すでに第2章3で述べたように、年金をはじめ、逆進性のある制度が存在します。繰り返しますが、たとえば、すべての国民年金加入者は、所得の高低に限らず、毎月一万三八六〇円の一定額を払います。これは逆進性です。

ちなみに、今は保険料の徴収という視点から社会保障制度の逆進性を検証しましたが、一方で、給付という視点から見ると、逆進性なのか累進性なのかは、なかなか検証ができません。なぜなら、社会保障給付は、人々が病気など何らかの不幸に陥った時に給付がなされるものだからです。したがって、高所得者に有利なのか低所得者に有利なのかは、給付の制度の面からではなかなか判断ができません。

税と社会保障の再分配効果の比較

再分配効果に与える影響について、税と社会保障を比べた場合にどのようなことがわかるでしょうか。第1章で示した表1-1のそれぞれの「再分配係数」を見ると次のようなことが言えます。まず、日本では税制による所得再分配効果は、近年になって急速に小さくなってきているということです。もともと日本においては、税制による再分配効果はそれほど大きくはありませんでした。にもかかわらず、さらに小さくなっているのです。すでに述べたように、税の累進度が急速に低下したことによる影響が、ここでもうかがえます。

その一方で、社会保障制度による再分配効果は、近年、高まってきています。いま述べたように、徴収の視点から見ると、社会保障制度には逆進性としての側面があります。したがって、社会保障制度の再分配効果の高まりは、むしろ、結果として給付の面に依存していると考えられます。

では、日本の税制および社会保障制度の再分配効果は、国際的に見てどの程度のものなのでしょうか。表5-1は、税制と社会保障制度がその国の再分配政策にどの程度貢献しているかを示したものです。

これによると、日本は再分配前と再分配後のジニ係数の差が七・五となっており、OECD

加盟諸国の中で、その差が最も小さいことがわかります。表にある一〇カ国の中で、再分配効果が一番大きいのはスウェーデンの二五・七です。繰り返し述べているように、北欧は典型的な福祉国家であり、税や社会保障による再分配効果が非常に強いということが、ここからもうかがえます。次いでベルギーの二五・五、デンマークの二〇・三となっています。こうした国と比べると、日本において税と社会保障が与える再分配効果がいかに小さいかがわかると思います。さらに言えば、「小さい政府」の代表であるアメリカでさえ一一・一という数字です。日本は、そのアメリカよりもさらに数値が低いということは、再分配効果が最も弱い国であるということを指摘しておく必要があるでしょう。

表5-1　税と社会保障による再分配効果

	再分配前ジニ係数(A)	再分配後ジニ係数(B)	効果(A)－(B)
イタリア	51.0	34.5	16.5
アメリカ	45.5	34.4	11.1
オーストラリア	46.3	30.6	15.7
ドイツ	43.6	28.2	14.4
ベルギー	52.7	27.2	25.5
日本	34.0	26.5	7.5
オランダ	42.1	25.3	16.8
フィンランド	39.2	23.1	16.1
スウェーデン	48.7	23.0	25.7
デンマーク	42.0	21.7	20.3

注：ジニ係数は0と1の間をとる数字だが，この表ではわかりやすくするために，ジニ係数に100を掛けている．

出所：Oxley, H., J.M.Burniaux, T.T.Dang, and M. Mira D'Ercole, "Income distribution and poverty in 13 OECD countries," *OECD Economic Studies*, no. 29, 1999, pp.55–94

国民健康保険未納者の増加

ここまでデータによって検証してき

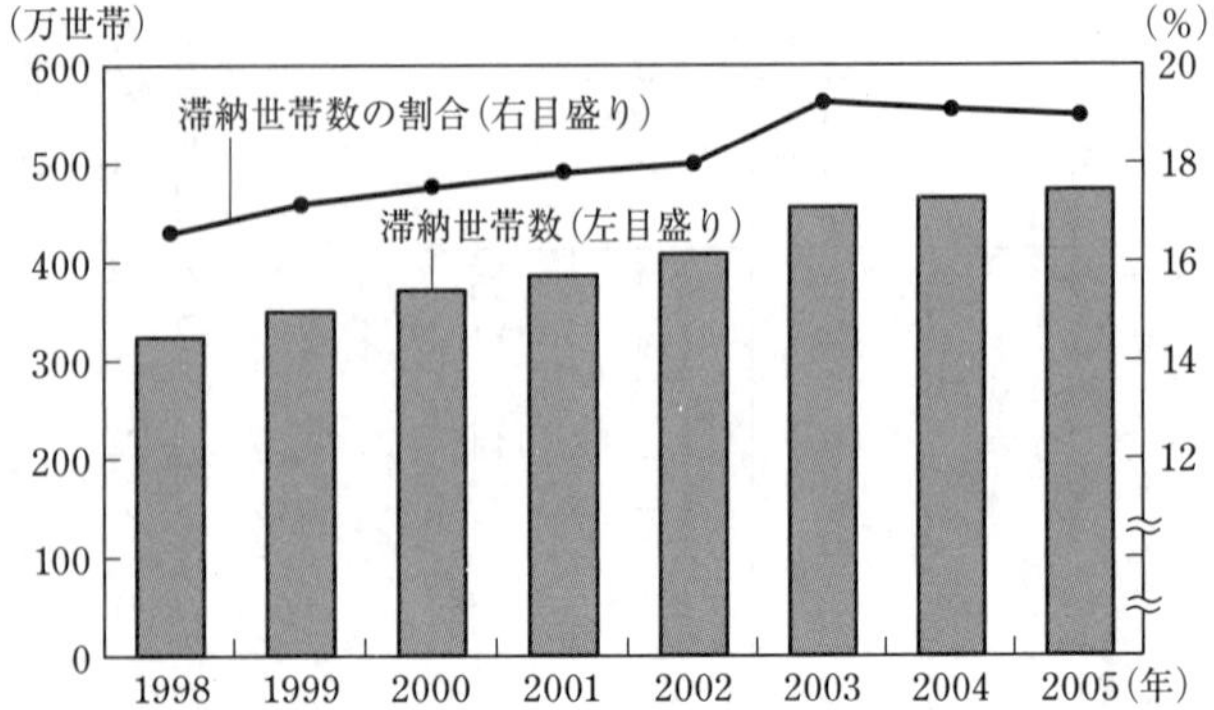

注：いずれも6月1日現在
出所：厚生労働省資料

図5-4　国民健康保険の保険料滞納世帯数の推移

たように、税制の所得再分配効果の低下、および国際的に見ても税制・社会保障の再分配効果が小さいという日本の特徴が、今日の格差社会の大きな背景となっていると言えます。では、このような状況に対して、どのような対策が考えられるでしょう。具体的な政策を述べるにあたり、現在、社会保障をめぐって実際にどのような問題が起きているのかを、まず考えてみたいと思います。

第一に、国民健康保険の保険料滞納者の増加という問題があります。国民健康保険は、企業を引退した人、あるいは自営業者などが入る医療保険制度です。その保険料を滞納する人が、近年、非常に増えています(図5-4)。一九九八年には滞納世帯数の割合が一六%強でしたが、いまや一九%にまで伸びています。国民健康保険は、サラリーマン以外の人が加入するという意味において、本来「国民皆保険」を代表する医療保険制度です。にもかかわらず、引退者、自営業者などの中に、保険料を支払うことができない人が増えているのです。

医療保険料を払っていないということは、病気になった時の医療給付がないということです。病気になった時の所得保障というのは、人が生きていく上で非常に大切な制度です。それさえも保障されない、さらに踏み込んで言えば、自分の医療を安心して買うことのできない人々が増えているということは、深刻な問題だと判断せざるをえません。「国民皆保険」を掲げ、それを誇りにしてきた日本と食い違う実態が起きているのです。

すでに第4章2で述べたようにアメリカでは、健康格差という問題が起きています。すなわち貧困層は満足な医療が受けられず、早死にしてしまうという現実があります。日本も、このような問題が将来起きる可能性がないとは言えません。

国民年金を未納する若者たちの将来

第二に、国民年金における未納率の問題です。国民年金の未納率については、マスコミなどでもよく報道されますが、加入者の四割弱もが保険料を払っていないことが指摘されています。この数字を見ても、もう国民年金制度そのものが崩壊していると私は判断しています。

未納者の中で、特に多いのが若者です。図5-5は、年齢別の国民年金未納率を示したもの

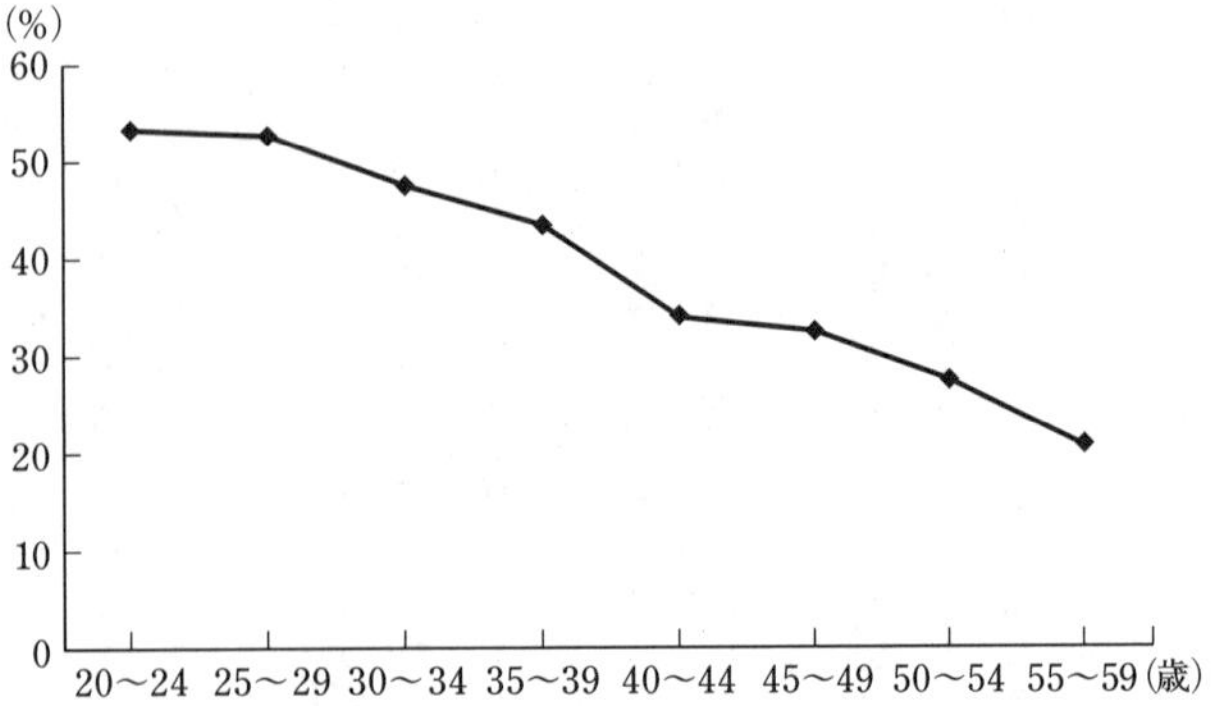

注：納付率は，当該年度分の保険料として納付すべき月数(全額免除月数及び学生納付特例月数を含まない)のうち，当該年度中(翌年度四月末まで)に実際に納付されなかった月数の割合である．
出所：社会保険庁「社会保険事業の概況」より作成

図 5–5　年齢別国民年金未納率(2002 年)

です。これを見ると、二〇代前後の人にいたっては五〇%以上が未納です。三〇代になってやや下がり、五〇代になると二〇%から三〇%に低下しています。したがって、未納の中でも若者の未納率の多さが深刻な問題だと考えます。

なぜなら、年金保険料を払っていない若者が、二〇年後、三〇年後に中年、高年となったときを考えてみれば明らかです。現在、年金保険料を払っていない若者たちは、フリーターやパートタイマー、あるいは失業者、ニートかもしれません。中年、高年になっても、彼らがフリーターなどの職しか得ていなければ、彼らは一生、年金保険料を支払わないことになる可能性が高いと言えます。ということは、彼らは年金を受けることができなくなるわけです。そうしたことを考えると、将来において、日本に大量の無年金層、すなわち貧困層が出現することとなってしまうでしょう。これは、大変由々しき事態です。

所得税の負担率を上げる

以上の具体的な問題を踏まえた上で、格差を是正するために、日本の税制および社会保障制度をどのように改革すべきでしょうか。具体的な政策を提言したいと思います。

第一に、格差拡大に寄与してきた所得税の累進度の低下を阻止する政策が考えられます。具体的には、三七％にまで低下した所得税の最高税率を五〇％程度にするといった方法がありますが、これに関しては、日本社会においては、いま意見が真っ二つに分かれています。政府税制調査会の中でも、「累進度を下げすぎたので、やや元に戻した方がよい」という意見がある一方で、「いや、このままの累進度で問題はない」「むしろもっと下げるべきだ」という意見もあり、やはり二つの意見が対立しています。政治家の中でも意見が様々です。最終的には国民の選択によって決定されることです。

かつてのように最高税率を七〇％、八〇％にまで戻せとまでは、私は主張しません。五〇％前後が適当だと考えます。いずれにしても、現在の累進度の低下は問題であり、それを是正する必要があると私は判断します。

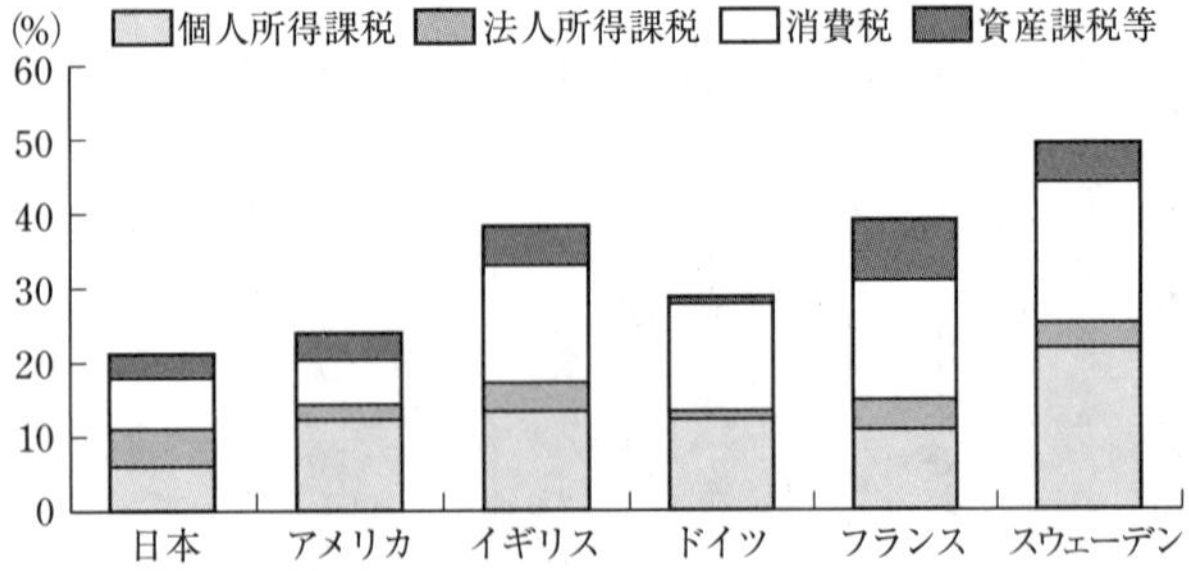

注：日本は2005年度予算ベース，諸外国は，OECD "Revenue Statistics 1965–2003" および同 "National Accounts 1991–2002" による．所得課税には資産性所得に対する課税を含む．
出所：財務省のホームページによる

図5–6　国民所得に対する税負担率の国際比較

日本の税負担率は先進諸国の中で最低

所得税の累進度を上げる政策を採るということは、所得税の負担率を上げることにつながります。これについては、反対論も当然、強く出されるでしょう。所得税の負担率はもっと下げるべきで、上げることは減税の時代にふさわしくないといった意見です。

しかし、日本の租税負担率を世界の先進諸国と比較すると、日本における負担率は、実はとても小さいのです（図5-6）。スウェーデンの税負担率が四九・三％、次いでフランスとイギリスが約三八％、アメリカでも二三・八％となっています。一方、日本の租税負担率は二一・五％であり、日本人の租税負担率というのは、実は世界の先進国の中で最低なのです。

しかも、個人所得税の負担率も他国と比べて非常に小さいことがわかります。スウェーデンが二一・五％、次いでイギリス、フランス、ドイツなどが一〇～一四％、アメリカでも一二・一％です。一方、日本は六・〇％であり、所得税の負担率も、世界の先進国の中で最低であることが、図5-6からわかります。

このような結果から、日本においては、所得税の負担率を上げる余地は、まだあると考えられます。したがって、所得税率を上げる政策を、私は提案します。

所得税率を上げる場合、どの階層から所得税を取るのかという問題が出てきます。私は、やはり高額所得者の比率は低額所得者の比率よりも高くてよいと判断をしています。そのことが、下げすぎた累進度を元に戻すことにつながるでしょう。格差拡大の是正につながる効果が大いに期待できると考えます。

「累進消費税」の導入による年金改革

次に、社会保障についての提案を行いたいと思います。私の提案は、社会保障制度における財源調達に関して、税の比率をできるだけ高めて、社会保険料の比率を少なくするというものです。中でも、年金については「基礎年金全額税方式」の導入を主張します。これは、二〇〇五年に刊行した拙著『消費税15％による年金改革』（東洋経済新報社、二〇〇五年）の中で詳しく述べていますが、端的に言えば、基礎年金の財源の全額を消費税に求めるという政策です。

先述したように国民年金の未納率が上昇していますが、全額税方式を導入し、消費税で徴収すれば、未納問題はなくなります。したがって、これが実現できれば、これから引退する人などに確実に年金の給付ができることとなります。

消費税に財源を求めるためには、消費税の税率を現在の五%から上げなければならないでしょう。私は、一五%程度が妥当だと考えます。消費税のアップに対して、異を唱える人は多いと思います。しかし、すでに見たように、日本の税負担率は先進諸国の中で最低のレベルなのです。しかも、ヨーロッパ諸国の消費税率は、だいたい二〇~二五%ぐらいであり、消費税においても、現在の日本の負担率は低い水準となっているのです。

ただ、消費税率をアップさせるために、気をつけなければならない点があります。それは、先述したように消費税が逆進性の性格を備えているということです。したがって、一律に一五%に上げると、低所得層には大きな負担となるでしょう。そこで、公平性のためにも、消費税に累進性を持たせる必要があります。すなわち、食料品や教育、医療など生活に欠かせない分野への支出は非課税にし、それ以外の一般財だけに税金を掛けます。しかも贅沢な商品には一五%よりも高い税率を掛けます。こうすることで、消費税に累進性としての性格を持たせることができるのです。年金の財源確保、しかも「累進消費税」なので公平性も保てるというメリットによって、国民にも安心感が生まれるでしょう。

また、消費税のような間接税は、経済効率を高めることにも貢献するというメリットも備えているのです。すなわち、直接税や保険料を徴収することは、国民の勤労意欲や貯蓄意欲、あるいは企業の設備投資欲を阻害するという一般的な見方があります。この説を採用すれば、直接税や保険料の徴収は、経済の運営にとってマイナスとなり、経済効率を低めることとなります。一方、消費税は間接税なので、これらの意欲を阻害する程度が非常に小さく、したがって経済効率を高めることができるのです。

いまは、年金を例に述べましたが、年金のみならず、医療や介護など他の社会保障制度に関しても、できるだけ税金の比率を高くして、社会保険料の比率を低くするのがよいと私は考えています。したがって、まず初めに、実質的に制度崩壊している年金改革を行い、年金において税方式が定着したら、医療、介護にも税金の比率を高めていくという政策を提案します。

7　「小さい政府」からの脱却

日本はすでに「小さい政府」

本章で述べた私の提案は、いずれも政府にある程度の役割を持たせようとするものです。したがって、現在、政治家や官僚、あるいは財界人の間で声高に主張されている「小さい政府」

論とは、対立することとなるでしょう。本書の最後に、この「小さい政府」論を検証し、日本がこれからどういう道を進むべきかを考えたいと思います。

前節で述べたように、日本の税の負担率は、国際的に見ても最低レベルにあります。同様に、社会保障給付の面で見ても、やはり先進国の中では最低のレベルとなっています。表5-2は、各国の社会保障給付費の国民所得に占める比率を示しています。それによると、スウェーデンが五三・四%で最高となっており、次いでフランスの三七・二%、ドイツの三三・三%、その後にイギリス、アメリカと続いています。日本は一五・二%で、先進国中、最下位です。

表5-2の数字は、社会保障の専門家が丁寧に計算した数値なので、その正確さは高いのですが、やや古いという欠点があります。そこでもう少し新しい九八年のデータによって比率を示したのが表5-3です。前の表5-2の数字よりもやや計測の粗い数値ですが、比較をする価値はあります。これによると、日本はアメリカの一八・四%を追い抜いて、二〇・四%となっており、最下位を脱出しています。ちなみに、直近の二〇〇四年では日本は二三・五%となっています。

なぜここ一〇年間にわたって増加しているかといえば、日本の高齢化現象があります。具体的には、社会保障給付を必要とする高齢者の数が増加したからです。むしろ制度上は社会保障の削減策が採られてきましたので、総給付額が対国民所得比率で増加したのは、削減を打ち消す高齢者人口の増加があったことによります。ただし、そのような給付額の増加が見られたとしても、ヨーロッパ諸国よりはるかに低く、日本の社会保障制度の充実度は非常に低いと言えます。私が、日本は非福祉国家の典型国であると結論づける根拠はこうしたところにあります。

日本社会では、一般的に、次のような認識が広く存在しています。日本は税金が高く、社会保険料も高い。にもかかわらず、国民への社会保障の還元は非常に少ないという認識です。いま見たように、社会保障の還元が最低レベルであることは、統計と合致しています。しかし先述したように、税と社会保障の負担率は、実際には、国際的に見ても低いのです。

税および社会保障の水準の違いによって、先進国は次の三つのグループに分けることができます。第一のグループは北欧諸国に代表される「高福祉・高負担の国」。第二のグループはイギリス、ドイツ、フランスなどヨーロッパの大国に代表される「中福祉・中負担の国」。第三のグループがアメリカに代表される「低福祉・低負担の国」です。

これまでの国際比較で見てきたよう

表 5-2　社会保障給付費が国民所得に占める比率(1993 年)

日　　本	15.2(%)
日　　本(1997 年)	17.8
アメリカ(1992 年)	18.7
イギリス	27.2
ド イ ツ	33.3
フランス	37.2
スウェーデン	53.4

出所：国立社会保障・人口問題研究所「社会保障給付費」

表 5-3　社会保障給付費が国民所得に占める比率(1998 年)

日　　本	20.4(%)
アメリカ	18.4
イギリス	33.2
フランス	40.9
スウェーデン	47.8

出所：OECD の財政統計

に、日本は第三のグループ「低福祉・低負担の国」となります。すなわち、日本はすでに「小さい政府」を実現させているのです。

ひと昔前の日本であれば、高齢者の経済保障、医療や介護は家族が担い手でした。公的部門の年金、医療、介護に頼ることなく、家族内で私的に福祉を提供していたのです。したがって、公的部門が出なくても、ある程度の福祉は実現されていたのです。しかし、三〇年ほど前からヨーロッパの福祉国家にならって、公的部門が比率を高めてきた経緯があります。それでも、ヨーロッパなどに比べると日本における公的部門の役割は小さかったのです。

「小さい政府」を主張する声

実際には「小さい政府」を実現させているにもかかわらず、政府の役割をもっと小さくすることが、現在の日本では、声高に主張されています。また、充実した社会保障制度は民間経済の阻害につながるという主張もあります。しかし、こうしたことを主張する政治家、経営者は、はたして、いまデータで示したような日本の実態を認識しているのでしょうか。認識した上で、さらなる「小さい政府」の実現を叫んでいるのでしょうか。大いに疑念を感じずにはいられません。

「小さい政府」の必要性を主張しているのは、政治家や経営者だけではありません。国民の中にも、その主張に賛成している人は少なくありません。その最大の理由は、政府への不信感ではないかと、私は考えます。すなわち、日本の政府は無駄な支出をやっているという意識が、国民の間に非常に強く存在しているのではないでしょうか。

無駄な公共事業をどんどん行う、あるいは天下りをはじめ、官僚が甘い汁を吸っている、さらには税金を取るだけ取って国民に還元しない、不正を行うなどなど、政府に対する不信感が非常に強いのです。たとえば、年金の納付率をアップさせるために、国民年金の不払い者に一方的に免除手続きをしていたなど、社会保険庁をめぐる不祥事が最近、明らかとなりました。これなども官僚への不信を強める格好の例です。そのために、政府をできるだけ小さくして、無駄を減らして、民間にまかせるべきだという意見が出てくる余地が生じるのです。

先述したように、国際的に見ても、日本は現在、すでに「小さい政府」を実現させています。社会保障制度、あるいはセーフティネットについては、北欧諸国などとは比較にならず、ヨーロッパ諸国と比べても、非福祉国家の典型としてそのレベルは劣っています。にもかかわらず、今後もますます「小さい政府」を目指し、社会保障制度の規模を縮小する政策を採り続けようとしているのです。年金にしろ、医療保険、介護保険にしろ、あらゆる社会保障制度において、給付を削減し、負担を上昇させる政策が採られ、セーフティネットは縮小の一途です。

格差をめぐって論議が起きると、格差拡大を是認する人々は、おおよそ次のような主張をします。貧富の格差が広がっても、しっかりとしたセーフティネットを確立させて、敗者、貧困者を救えばよい。したがって、セーフティネットの確保というものがある限りにおいては、ある程度貧富の格差が大きくなってもかまわないという主張です。しかし、実際には、そうした主張とは、まったく逆の状況が進行しているのです。

もっとも、日本は財政赤字額が大きいので、公共支出を減額させることによって「小さい政府」を目指すという主張もあります。無駄な公共支出を減らすことは重要です。したがって、私はこの主張には反対しません。しかし、福祉や教育への支出カットには賛成しません。

アメリカ型かヨーロッパ型か

こうした状況にあって、いま、日本は選択を迫られています。一つの選択肢は、このまま、さらに「小さい政府」を実現させ、格差がさらに拡大するような道です。もう一つは、「小さい政府」から脱却し、格差がそれほど大きくなく、ある程度、福祉と教育が充実するような道です。前者を「アメリカ型」、後者を「ヨーロッパ型」と言い換えてもよいでしょう。

アメリカ型は、国民の自立意識によって形成される社会です。端的に言ってしまえば、自分のことは自分で責任を取りなさいという、自己責任が貫かれた社会です。セーフティネットも自分で確保しなければなりません。一方、ヨーロッパ型は、国民に社会保険料や税金などの負担をある程度求め、それを財源にして、国民に福祉サービス、あるいは公共サービスとして還元するという体制です。

しかし、現在の政府官僚や政権与党の政治家、あるいは財界人の間には、アメリカ型が日本にとってふさわしいというような意見が強くあります。

日本の国民の間には、ヨーロッパ型に賛成する人の声も少なくはありません。もし政府が年金、医療、介護などセーフティネットをしっかりと確立し、安心を保障してくれるのであれば、負担を厭う国民はそれほど多くないと思います。ただし、そこで問題になってくるのが、先述した政府への不信感です。自分の負担が、政府において無駄や不正に使われているという不信感が、負担率アップへの抵抗感を強めます。したがって、政府はそうした無駄や不正を排し、国民の信用を回復する必要があるでしょう。いずれにしても、最終的には、その選択肢は国民に委ねられているのです。

すでに述べたように、現在、セーフティネットは削減の一途をたどっています。確かに、少子高齢化が、現在の日本には進行しており、社会保障給付の削減、負担の上昇というのは、ある程度やむをえないというのも事実です。

しかし、その制度を半永久的に続けていけば、国民が日本で生活していくための安心が保障できない時代を招いてしまいます。本書で述べてきたように、新しい貧困層の出現など、すでにそうした問題の芽が噴出しています。本書で私が示したような実態や考察を参考に、日本にとってふさわしい選択肢を、国民に選んでもらいたいと私は希望します。

あとがき

　戦後の長い間、日本は一億総中流の国であると、国民の多くが信じてきました。しかも、経済効率性と公平性(すなわち平等性)の双方を満たす国として、世界に誇ってきました。

　しかし、一九八〇年代あたりから所得分配の不平等化が進行し、二一世紀に入って貧富の格差がさらに大きくなりました。二〇〇六年七月にはOECDの「対日経済審査報告書」の中で、日本は勤労世代(すなわち一八歳から六五歳まで)に関する貧困率の高さが、先進国の中でアメリカに次いで第二位であると示され、その高さについて警告を発せられるまでとなっています。なお、勤労世代に限らず国民全体を対象にすると、日本の貧困率は先進国の中で第三位の高さであると第1章3で指摘しました。貧富の格差のみならず、貧困者の数も多い社会になってしまったのです。

　ここ十数年来、日本経済は大不況に悩みましたが、今日やや景気の回復がみられることは好ましいことです。しかし、回復は大都会の大企業のみに限られ、地方や中小企業にまで波及していないのが実態です。中央と地方の格差が目立つ時代となっています。

不況が所得分配の不平等化の原因であったことは確実ですが、本書でも示したように日本の社会・経済がここ二〇〜三〇年で、長期的な変化の中にあることが、格差拡大の主要原因であると私は判断しています。

特に格差社会を議論するときは、(1)機会の平等・不平等、(2)結果の平等・不平等、(3)効率性と公平性の関係、(4)政府の役割、(5)企業と人々の意識と行動の変化、に注目することが肝要です。本書では、これらを軸にして議論したつもりです。

格差拡大の是非を論じるときは、経済学が合理的かつ科学的に分析して、実態を判断する際の客観的な資料を提供できます。しかし、人々の価値判断にも依存するところも少なくありません。たとえば、所得格差や貧困者の存在をどこまで容認するのか、といったことは個人の人生観にもよるからです。これら経済学による客観的な側面と人々の主観的な側面を峻別するように努めたつもりです。

ただし、最終的には格差社会を読者がどのように判断するかにかかっています。その意味では著者自身の価値判断も示しています。これらに関して批判を含め、読者から様々な意見が出されることを期待しています。

八年前に『日本の経済格差』を出版して以来、格差を巡って様々な論争が巻き起こりました。新しく執筆した本書が、論争の進展において一つのたたき台になることを願っています。論争が発散するのか、それとも収束するのか、興味のもたれるところでもあります。

結論は次のようにまとめられます。(1)格差拡大は進行中ですし、貧困者の増加がみられます。(2)日本では経済効率を犠牲にせずに、機会と結果の双方において格差是正策を採ることができます。(3)格差是正策の基本は、教育、社会保障、雇用の分野にあります。具体的な政策については、いたるところでかなり明確に述べたつもりです。

この本の出版時期と同じ頃に、小泉内閣に代わって新内閣が誕生します。前内閣の政策をそのまま踏襲するのか、それとも軌道修正を施すのか、注目されるところです。そのことが、格差社会がどのような方向に進展するのかについても、大きな影響を与えると考えます。

本書は分量の限られた啓蒙書です。したがって詳細な議論がないことに不満をもつ読者がおられるかもしれません。もっと詳しい、かつ学問的な分析に関心のある方は、次の二冊の拙著を参照していただければと思います。(1) Tachibanaki, T., *Confronting Income Inequality in Japan*, MIT Press, 2005、(2)橘木俊詔・浦川邦夫『日本の貧困研究』東京大学出版会、二〇〇六年。

本書は岩波新書編集部の坂巻克巳・田中宏幸両氏の熱心なお誘いからスタートしました。執筆と編集の際に、田中宏幸氏の献身的な支援を受けることができました。田中氏のご努力に心より感謝したいと思います。しかし、残っているかもしれない誤りと主張に関する責任は、すべて著者に帰するものです。

二〇〇六年八月

橘木俊詔

橘木俊詔

1943年兵庫県に生まれる．小樽商科大学，大阪大学大学院を経て，1973年ジョンズ・ホプキンス大学大学院博士課程修了(Ph.D.)．その後，米，仏，英，独の大学・研究所で教育職・研究職を歴任．京都大学経済研究所教授，経済企画庁客員主任研究官，日本銀行客員研究員，経済産業省ファカルティフェローなどを経て
現在，京都大学大学院経済学研究科教授
　　2005年度日本経済学会会長
著書ー*Wage Determination and Distribution in Japan*, Oxford University Press
Public Policies and the Japanese Economy, Macmillan Press
Confronting Income Inequality in Japan, MIT Press
『日本の経済格差』『家計からみる日本経済』(以上，岩波新書)，『安心の経済学』『失業克服の経済学』(以上，岩波書店)，『日本のお金持ち研究』(共著，日本経済新聞社)，『脱フリーター社会』(東洋経済新報社)，『アメリカ型不安社会でいいのか』(朝日新聞社) ほか

格差社会 何が問題なのか　　岩波新書(新赤版)1033

2006年 9月20日　第1刷発行
2006年10月20日　第5刷発行

著　者　橘木《たちばなき》俊詔《としあき》

発行者　山口昭男

発行所　株式会社 岩波書店
〒101-8002 東京都千代田区一ツ橋2-5-5
案内 03-5210-4000　販売部 03-5210-4111
http://www.iwanami.co.jp/

新書編集部 03-5210-4054
http://www.iwanamishinsho.com/

印刷・精興社　カバー・半七印刷　製本・中永製本

ISBN 4-00-431033-4　　Printed in Japan

岩波新書新赤版一〇〇〇点に際して

ひとつの時代が終わったと言われて久しい。だが、その先にいかなる時代を展望するのか、私たちはその輪郭すら描きえていない。二〇世紀から持ち越した課題の多くは、未だ解決の緒を見つけることのできないままであり、二一世紀が新たに招きよせた問題も少なくない。グローバル資本主義の浸透、憎悪の連鎖、暴力の応酬——世界は混沌として深い不安の只中にある。

現代社会においては変化が常態となり、速さと新しさに絶対的な価値が与えられた。消費社会の深化と情報技術の革命は、種々の境界を無くし、人々の生活やコミュニケーションの様式を根底から変容させてきた。ライフスタイルは多様化し、一面では個人の生き方をそれぞれが選びとる時代が始まっている。同時に、新たな格差が生まれ、様々な次元での亀裂や分断が深まっている。社会や歴史に対する意識が揺らぎ、普遍的な理念に対する根本的な懐疑や、現実を変えることへの無力感がひそかに根を張りつつある。そして生きることに誰もが困難を覚える時代が到来している。

しかし、日常生活のそれぞれの場で、自由と民主主義を獲得し実践することを通じて、私たち自身がそうした閉塞を乗り超え、希望の時代の幕開けを告げてゆくことは不可能ではあるまい。そのために、いま求められていること——それは、個と個の間で開かれた対話を積み重ねながら、人間らしく生きることの条件について一人ひとりが粘り強く思考することではないか。その営みの糧となるものが、教養に外ならないと私たちは考える。歴史とは何か、よく生きるとはいかなることか、世界そして人間はどこへ向かうべきなのか——こうした根源的な問いとの格闘が、文化と知の厚みを作り出し、個人と社会を支える基盤としての教養となった。まさにそのような教養への道案内こそ、岩波新書が創刊以来、追求してきたことである。

岩波新書は、日中戦争下の一九三八年一一月に赤版として創刊された。創刊の辞は、道義の精神に則らない日本の行動を憂慮し、批判的精神と良心的行動の欠如を戒めつつ、現代人の現代的教養を刊行の目的とする、と謳っている。以後、青版、黄版、新赤版と装いを改めながら、合計二五〇〇点余りを世に問うてきた。そして、いままた新赤版が一〇〇〇点を迎えたのを機に、人間の理性と良心への信頼を再確認し、それに裏打ちされた文化を培っていく決意を込めて、新しい装丁のもとに再出発したいと思う。一冊一冊から吹き出す新風が一人でも多くの読者の許に届くこと、そして希望ある時代への想像力を豊かにかき立てることを切に願う。

（二〇〇六年四月）